낯설지만 매력있는

보스턴
1년 살기

집 렌트에서 골프장까지
보스턴의 모든 것

김태훈 지음

낯설지만 매력있는

보스턴
1년 살기

바이북스
ByBooks

2019년 하반기 대학병원에 재직 중인 아내가 연수 프로그램을 통해서 보스턴에 있는 하버드 대학교로 1년간 연수를 다녀올 수 있게 되었다. 출국 시기는 2020년 7월. 결혼 후 약 15년 동안 맞벌이 부부로서 바쁜 삶을 살아온 우리에게 미국에서 1년 동안 살 수 있다는 것은 큰 선물이었지만 아무래도 아이들의 문제는 고민이었다.

당시 첫째는 중학교 2학년, 둘째는 초등학교 3학년이었다. 우리 가족은 J1, J2비자를 받아서 보스턴에서 1년 거주를 하면서 공립 중학교와 초등학교에 등록을 해서 공부를 하면 한국으로 귀국했을 때 학력을 인정받을 수 있기에 이 기회에, 미국의 문화와 교육을 체험할 수 있는 경험을 주고 싶은 마음이 생겼다.

하지만 첫째의 경우 중학생이어서 1년 후면 3학년, 그 이후 고등학교로 진학을 해야 하는 상황인 데다가, 친구들과의 관계도 한동안 단절되고, 학업진도도 늦어져서 여러 가지 어려움을 겪을 것이 분명해 보였다. 그래서 첫째만이라도 한국에서 학교를 계속 다니게 할까 고민했지만, 이내 생각을 바꿨다.

보스턴에는 하버드 대학교, MIT를 비롯해 보스턴 대학교, 보스

턴 칼리지, 웰즐리 대학교, 터프츠 대학교, 밥슨 칼리지 등 최고의 명
문대학들이 모여 있다. 또한 보스턴은 의료와 바이오 산업의 중심지
이기도 하고, 미국 독립전쟁의 역사를 생생하게 경험할 수 있는 역
사적인 유적들이 함께 공존하는 곳이라 아이들에 대한 걱정이 기대
로 변한 것이다.

초중고 공립학교들도 미국 내에서 굉장히 높은 평가를 받기에 아
이들에게도 미국의 교육환경을 경험할 수 있는 좋은 기회라 생각되
었다. 더군다나 해외연수를 계기로 중학생인 아들과 초등학생인 딸
을 좀 더 보살피는 시간을 가지면, 가족이 더 끈끈해질 수 있다고 생
각되어 보스턴으로 가기로 결심했다. 그 결정대로 나는 회사에 양해
를 구하고 1년간 휴직을 신청해 아내의 연수에 합류하게 되었다.

그런데 출국 직전 예상치 못한 문제가 발생했다. 2020년 3월
COVID 19가 전 세계적으로 확산되며 팬데믹으로 발전하였고, 미
국 역시 환자들이 폭발적으로 급증하는 바람에 7월로 예정된 출국
일정을 조금 연기했다. 문제는 시간이 지나도 확산이 수그러들 조짐

이 보이지 않는다는 것이었다.

결국 미국 내 코로나 감염 위험의 급증에도 불구하고 9월 17일 우리는 보스턴에 입성했다. 코로나 백신개발이 한창 논의가 이루어지고 있던 터라 미국에서 거주하면 백신을 좀 더 일찍 접종받을 수 있으리라는 기대도 있었다. 결과적으로 아내는 2020년 12월에, 나와 첫째 아이의 경우 2021년 5월과 6월에 각각 백신접종을 받을 수 있게 되어 예상이 적중하긴 했다.

해외에서 거주한 경험이 없는 우리 가족은 1년의 보스턴 생활을 준비하기 위해서 주로 〈보스톤코리아〉라는 사이트를 통해 정보를 수집했다. 또한 아내의 직장에서 보스턴 혹은 미국 내 다른 도시로 연수를 다녀온 선배들에게도 정보를 얻었으나 다소의 한계점이 존재했다. 아무래도 포털에 검색어만 치면 웬만한 정보를 다 얻을 수 있는 우리나라와 달리 현지에서 직접 경험하지 않으면 알 수 없는 정보를 충분히 파악할 수 없었던 것이다.

그때 우리가 느낀 한계점이 이 책을 기획하게 된 계기라고 말할 수 있다. 보스턴으로 처음 해외연수를 떠나거나 대학/대학원/박사 후 연구 등을 위해 유학을 떠나는 이들에게 내가 매사추세츠주 내 많은 곳들을 방문하고 체험한 것을 토대로 생생한 정보를 제공한다면 초기 정착에 작은 힘이라도 보탬이 되겠다는 생각이 들었다.

결코 길지 않은 1년 혹은 2년의 시간 동안 소중한 추억을 쌓는데도 도움을 줄 수 있겠다는 마음에 틈틈이 쓴 글을 모은 결과가 이 책이다. 물론 아내의 연수나 1년 휴직을 허락한 회사의 배려가 없었다면 불가능한 일이었다. 더군다나 낯선 나라에서 생활하는 불편함에도 불구하고, 가족 간의 정을 나누며 즐거운 추억을 함께한 두 아이들이 없었더라면 더 막막했을 것이다.

이제 보스턴행을 준비하는 여러분에게 우리 가족의 이야기를 통해 막막함을 떨칠 수 있도록 다른 어느 책보다 실질적인 정보를 제공한다는 자부심을 가지고 원고를 마치며, 보람 있는 해외연수가 되길 기원한다.

뉴잉글랜드의 역사와 문화를 따라서

보스턴 다운타운과 근교 산책

Chapter 4 귀국을 준비하며

Chapter 1

보스턴의 품으로, 보스턴의 삶으로

보스턴에서 둥지 틀기

보스턴 생활을 시작할 때 어느 타운에 거주를 하는 것이 좋을지가 가장 먼저 고민할 사항이었다. 아내의 연수기관이 다운타운에 위치하고 있어 차량이나 MBTA^{매사추세츠 교통공사}로 통근하는 데 오래 걸리지 않고, 아이들은 안전하게 통학하는 데 어려움이 없는 지역이 첫 번째 선정 대상이었다. 보스턴의 렌트 비용은 매우 높은 편이기 때문에 렌트 예산도 당연히 고려해야 할 사안이었다.

우리 가족에게 꼭 맞는 집 찾기

〈보스톤코리아〉의 부동산 렌트/정착 광고를 보면 보스턴에서 부동산 중개를 하시는 분들이 여러 가지 내용을 상세하게 올려놓고 있다. 그중 한 분과 연락을 취해 거주 타운을 선정하는 데 많은 도움을

우드랜드 스테이션 아파트Woodland Station Apartment

받았다. 브룩라인Brookline의 행콕 빌리지, 뉴턴Newton의 우드랜드 스테이션 아파트 등을 소개해주셨는데, 우리 가족은 후자를 선택했다.

브룩라인, 뉴턴, 렉싱턴Lexington, 벨몬트Belmont, 니덤Needham 등은 모두 차량을 통해서 이동하기 편하고 공원도 곳곳에 산재해 있어 거주하기 좋다. 또한 안전하기도 하다. 초중고 자녀가 있을 경우 공립학교의 평가가 매우 높은 편이기 때문에 개인적인 상황을 고려하여 거주 지역을 선정하면 된다.

다만 부동산 중개를 하시는 분들이 추천해주시는 아파트들은 나의 경험에 비추어볼 때 한국에서 단기간 학업이나 연수를 오신 분들에게 적합하다고 판단해 추천하는 아파트들이다. 오히려 워터타운이나 캠브리지 혹은 그 주변 타운에도 좋은 아파트들이 다수 있다. 우리 가족의 경우 단기 연수와 아이들의 학업 두 가지에 꼭 맞는 집을 찾기 위해 고심 끝에 결국 마음 정한 곳이 있었다.

뉴턴의 경우 2019년 데이터에 따르면 추정 중위 가구 소득Estimated median household income 150,106달러로 매사추세츠주 평균 85,843달러에 비해서 소득수준이 높다. 낮은 범죄율로 매우 안전하고, 도심의 번잡함도 없다. 다운타운과는 차량으로 운전해서 약 20분 정도면 도착할 수 있어 접근성도 좋은 지역이다.

아파트를 계약하다

뉴턴의 우드랜드 스테이션 아파트는 MBTA 그린라인Green line 리버사이드Riverside 종점행 D 라인line에서 종점 바로 전 역인 우드랜드Woodland 정거장 바로 앞에 위치하고 있어 롱우드나 다운타운에 30~40분이면 갈 수 있다. 북쪽으로 월섬 코스트코, 버링턴 H마트, 뉴햄프셔, 남쪽으로 플리머스, 케이프코드 등으로 갈 수 있는 95번 도로 옆에 있기 때문에 골프장을 가거나 쇼핑, 여행 등을 함에 있어 매우 편리하다. 아내의 출퇴근, 아이들의 등학교 및 각종 편의시설을 이용하기 위한 동선을 고려할 때 안성맞춤이었다.

우드랜드 스테이션 아파트는 1층에는 타운하우스가 있고 위로 아파트 4개 층이 있는 구조다. 우리는 2층의 2개의 침실bedroom과 2개의 욕실bathroom이 있는 아파트에 살았는데, 렌트비는 주차비까지 모두 합쳐 월 3,600달러 정도였다. 비교적 비싼 편인데 시기에 따라 많이 달라지는 점에 유의할 필요가 있다. 대신에 세탁기, 냉장고, 오븐, 식기세척기 등은 모두 빌트인이다.

주민 공용공간으로 책상, 투명 아크릴 벽으로 둘러싸인 개인 공부 공간이 2개 있다. 그중 한 곳은 공용 PC와 프린터 사용이 가능한 오피스 룸이다. 또한 여러 대의 트레드밀러닝머신, 펠로톤 자전거, 기타 웨이트 도구, 매트, 폼롤러, 짐볼 등을 갖추고 있는 헬스장Gym, 그리고 지인 초대 혹은 파티가 가능한 클럽 룸도 있다.

팬데믹으로 인해 실내 운동이 제한되었던 이유로 입주 초기에는 별도 예약 앱을 통해 예약한 사람만 1시간에 2명씩 헬스장을 이용할 수 있었다. 다행히 백신 접종 이후에는 완화되어 자유롭게 이용이 가능했다. 오피스 룸 공간은 개인 공간을 사용할 수 있어 별도의 예약 없이도 자유롭게 사용이 가능했고, 와이파이도 무료였다.

아파트 뒤편으로는 작은 놀이터가 있고 여름 시즌에 이용이 가능한 수영장이 있다. 수영장 풀 근처에 가스 그릴을 활용해서 '풀 파

1 수영장
2 헬스장
3 오피스 룸
4 리싱 오피스

티'를 즐길 수 있다. 다만 입주 초기에는 팬데믹으로 풀 파티를 열 수 없었다. 2020년 겨울 미국 내에서 백신 접종이 본격화되면서 보스턴에서도 병원이나 CVS미국의 의약, 화장품, 잡화의 소매점 운영회사 등을 통해서 백신 접종이 확대되었고, 덕분에 2021년 여름 즈음부터 홀푸드Whole foods 마켓에서 여러 음식들을 구입해서 함께 거주하는 이웃들과 파티를 충분히 즐길 수 있었다.

보스턴에 도착해서 초기에 안타까웠던 점 중 하나가 팬데믹으로 인해 제약 사항이 많았다는 것이다. 낯선 곳에서 새로운 사람들을 만나고, 외국인들과 어울리며 국제적인 감각을 키울 수 있는 환경을 아이들에게 제공해주고 싶었는데 도저히 할 수가 없는 상황이었다.

그나마 다행이었던 점은 한국에 있는 나의 지인분의 형님이 보스턴에 산다는 것이었다. 보스턴에서 학교를 졸업하고 오랫동안 거주한 분이라 우리 가족이 처음 보스턴에 도착했을 때 많은 도움을 받을 수 있었다. 자신의 차로 보스턴 시내에 태워다주면서 안내도 해주고, 해산물 레스토랑에 데리고 가서 우리 가족 모두 같이 외식을 할 수 있도록 해주었다. 뉴욕의 〈고센김치〉에서 김치와 만두를 주문할 수 있는 팁도 알려주셨는데, 한국 음식에 대한 그리움을 달랠 수 있는 최고의 방법이었다.

아파트에는 택배 룸이 별도로 있어 배송된 택배를 쉽게 찾을 수 있다. 또한 주차장은 실내 주차장이라 비나 눈이 올 때도 집과 주차장 사이의 이동이 매우 편하다. 수차장 사용에 따른 비용은 렌트 비용에 포함이 되어 있으나 전기와 상하수도 비용은 별도로 부담을 해야 한다. 전기요금과 상하수도요금은 전부 합해서 월평균 200달러 정도 지불했다. 규모가 크고 타운하우스 형태인 행콕 빌리지의 경우 주차비용으로 월 30달러를 별도 지불해야 하지만 관리비가 렌트 비용에 포함되어 있다는 장점이 있다.

아파트 관리적인 측면에서는 큰 문제가 없다. 리싱 오피스^{관리사무}소에서 근무하시는 분들이 매우 친절해서 집 내부에 문제가 있을 경우 하루 안에 대부분 문제를 해결해주어 불편함없이 거주할 수 있었다. 다만 소음에 예민한 사람이라면 참고할 점이 있다. 아파트가 MBTA 정거장 바로 앞에 위치하고 있어 정거장 쪽으로 창문이 나 있는 경우 햇볕은 잘 들지만 MBTA의 소음으로 다소 적응에 어려움이 있을 수 있다.

우리 가족은 소음에 무심한 편이라 특별히 소음 때문에 생활에 지장을 받지는 않았다. 단지 처음 한 달 정도 저녁 시간에 조금 거슬리는 정도였다. 상대적으로 아파트의 장점이 너무 많아 약간의 소음이라는 단점은 충분히 보완할 수 있었다고 생각한다. 사실 우리나라에서 역세권이 지닌 장단점과 크게 다르지 않기에 나뿐만 아니라 아내와 아이들도 큰 불만이 없었던 것 같다.

아파트 입주를 결정하면 아파트 홈페이지에서 예약하고 예약금을 선결제하는 방식이 있다. 우리는 〈보스톤코리아〉에 렌트 소개 광고를 올린 한국 에이전트를 통해서 진행을 했다.

입주 계약 후 먼저 해야 할 일

입주가 결정되면 리싱 오피스에서 먼저 해야 할 일들을 알려준다. 전기 설치와 집 보험 가입을 먼저 처리해야 하는데, 전기는 민간전기회사인 에버소스에 직접 전화해서 가입해야 했다. 집 보험은 자동차 보험과 묶으면 저렴하다. 아파트에서 선호하는 벤더가 있지만 입주자가 선호하는 데서 해도 된다. 우드랜드 스테이션 아파트는 입주 하루 전까지 집 보험 가입 증서proof of policy를 제출해야 했다. 참고로 우리가 가입했던 〈레지던트실드Residentshield.com〉는 추천하지 않는다. 콜센터에서 전화를 거의 받지 않아서 필요한 업무를 처리하는 데 상당한 어려움을 겪었다.

아파트 임대lease는 연장하고 싶으면 최초 계약일 최소 3개월 이전에 얘기해야 한다. 임박해서 연장한다고 하면 렌트 비용이 높게 책정된다. 우리는 5개월 전에 한 달 연장에 대해 미리 이야기를 해서 같은 비용을 적용 받았다. 계약기간이 끝난 후 보증금은 주민이 퇴거하고 나서 아파트 점검을 마쳐야 돌려받는다. 보증금은 체크(수표)로 발행이 되고, 보증금 받을 주소를 기입하라고 하는데, 우리는 같은 아파트에 거주하는 연수를 오신 분께 부탁드려 체크 수령 후

BOA 은행 계좌로 입금을 받았다.

미국도 IT 산업이 발달한 나라이고 다양한 방법으로 서비스를 제공하지만, 아무래도 우리나라에 비해 불편한 점이 없지 않다. 스마트폰 하나로 거의 모든 걸 해결할 수 있는 것에 익숙한 우리가 미국에서 업무를 보려면 사전에 철저한 준비가 필요하다. 연수로 바쁜 아내 대신 아이들까지 챙기며 각종 제반 업무를 처리해야 했던 나였기에 그 경험을 다른 사람과 나누고 싶다.

자녀들의 학교 적응기

보스턴에서 연수나 유학을 하면서 본인의 커리어를 제외하고 가장 큰 관심을 기울이는 부분은 자녀의 학교 문제일 것이다. 보스턴에 소재하고 있는 많은 초중고 공립학교들의 평가는 미국 내에서도 매우 우수한 편이기에 자녀에게 매우 좋은 기회가 될 수 있다.

이미 말한 것처럼 우리도 아이들의 교육 문제 때문에 고민을 했지만, 가족이 함께 지내야 한다는 생각이 먼저 들었고, 보스턴에서 다양한 국가의 친구들과 사귈 수 있는 기회도 생기고, 공립학교 교육의 수준이 높은 보스턴에서 짧은 기간이지만 교육을 받을 수 있는 기회가 좀 더 소중하다고 판단이 되어 함께 가기로 했다. 사실 아이들의 공부는 스스로 의욕을 가지고 하지 않으면 억지로 시킬 수 없는 것이고 공부라는 영역은 부모의 강요보다는 아이들의 자율성과 독립성이 훨씬 중요하다고 생각하고 있기 때문이다. 한국이나 미국이나 공부는 자신에게 달렸다는 것을 아이들도 이해하는 것 같았다.

내가 재직하고 있는 회사에서 다행스럽게 1년간 휴직이 되어서 아내와 아이들과 함께 보스턴에서 1년을 보낼 수 있었다. 맞벌이 부부로서 그동안 참 바쁘게 지내왔기에 아이들과 함께 시간을 보내고 싶다는 생각이 간절했다. 또한 나도 외국에서 시간을 보내는 동안 영어 연수를 할 수 있다는 기대도 있었다.

그런데 팬데믹으로 인해 대학과 대학원의 수업들이 전부 온라인으로 전환되고 영어연수기관들도 한동안 운영을 하지 않거나 온라인 수업으로 전환이 된 상황이어서 영어 연수 혹은 새로운 공부를 시작하는 것에 제약 사항이 있었다. 그때 떠오른 생각이 한국에서 보스턴으로 연수나 유학을 오거나 정착을 위해 오시는 분들을 위해서 필요한 정보를 담은 책을 틈틈이 집필하면, 초기 정착과 연수기간 동안 적잖은 도움이 될 수 있을 것 같았다. 그것이 이 책을 쓰게 된 계기다.

아이들의 학교 선택과 배정받기

팬데믹의 혼란스러운 상황이라 아이들의 학교생활 적응에도 정착 후 3~4개월 동안은 문제가 많았다. 원래 일정대로라면 여름방학이 시작되자마자 미국에 와서 영어도 배우고 현지에 적응할 시간도 있었을 텐데, 일정이 미뤄져 9월에 들어가니 바로 학기가 시작한 것이다. 더군다나 대면 수업도 아닌 줌으로 수업하는 것은 아이들에게 스트레스였던 것 같다.

부족한 영어실력으로 ELL^{English language leaner} 수업을 별도로 진행을 하긴 했지만 온라인으로 수업 진행하는 데 의사소통이 자유롭지 않았고 그로 인해 제출해야 할 과제를 놓치기도 했다. '한국에 서 있으면 편한데 군이 미국까지 와서 무슨 고생이야?', '내가 여기서 왜 이러고 있지?' 이런 마음의 소리가 들리는 것 같았다. 아내 역시 아이들을 늦게 데리고 와서 괜한 고생시킨다 싶어 안타까워하며 힘들어했다.

백신접종이 본격화하면서 학교도 조금씩 대면 수업을 늘렸고 아

윌리엄스 초등학교

뉴턴 교육청
Newton Public Schools
100 Walnut St, Newton, MA
02460, https://www.newton.
k12.ma.us

이들이 학교 출석이 늘어나면서 친구들과 사귀고 체육활동도 하면서 학교생활에 점차 적응을 해나가 다행이라는 생각이 들었다.

뉴턴에 소재하고 있는 우드랜드 스테이션 아파트의 학군은 초등학교는 윌리엄스Williams와 피어스Peirce, 중학교는 에프 에이 데이F. A.Day와 브라운Brown 중에서 선택할 수 있다. 에프 에이 데이를 선택하면 뉴턴 노스 하이스쿨Newton North Highschool로, 브라운Brown을 선택하면 뉴턴 사우스 하이스쿨Newton South Highschool로 진학하게 된다.

우리 첫째는 데이 중학교를 선택했다. 데이 중학교가 브라운 중학교에 비해서 규모가 크고, 혹시 보스턴에 계속 거주하게 된다면 몇 년 전 학교에 대규모 투자를 한 뉴턴 노스 하이스쿨로 진학해서 공부를 계속 이어가기를 바랐기 때문이다. 둘째는 아시아 친구들이 상대적으로 많이 다니고 규모가 작은 초등학교에 가는 것이 좋겠다고 생각했다. 그 생각에 따라 윌리엄스를 선택했다.

한국에서 출발 전 뉴턴 교육청 홈페이지에서 필요한 서류들을 미리 확인했다. 예방접종증명서, 생활기록부 번역공증, 병원국제진료센터에서 발급한 건강검진서류 등 학교 등록을 위해 필요한 서류들을 온라인으로 제출했다. 보스턴 입성 후 뉴턴 교육청을 방문하여 2시간 정도 영어 능력 테스트를 받았다. 그런 힘겨운 과정을 거치고 나니 학교를 배정받았다.

이후 2021년 8월에 행콕 빌리지로 입주해 자녀를 베이커 스쿨에 등록 진행하신 분에게 새로운 소식을 들었다. 건강검진서류는 현지 의사가 발급한 서류로 변경되었다고 한다. 꼭 참고하시기 바란다.

우드랜드 스테이션 아파트의 경우 노란색 스쿨버스의 정거장이 아파트 내부에 있다. 따라서 아이들의 학교 등하교가 매우 편리하다는 장점이 있다. 2020년 하반기에는 아이들의 코로나 감염 위험으로 스쿨버스를 이용하지 않고 내가 차량으로 직접 등하교를 시키기도 했다. 그러다가 스쿨버스를 이용하는 학생 수가 많지 않고 창문을 통한 환기 등이 잘 이루어지는 것을 알고 2021년에는 스쿨버스를 이용하여 등하교를 했다.

첫째와 둘째의 중학교와 초등학교가 멀리 떨어진 곳은 아니었지만 등교와 하교를 위해서 항상 운전을 해야 했기에 평일의 경우 시간적 여유가 충분한 편은 아니었다. 스쿨버스를 이용하게 된 후 사정이 좀 나아졌지만, 음악과 클럽활동 등의 개인레슨을 위해서도 운전할 필요가 있었기 때문에 개인시간을 활용하려면 좀 더 철저한 계획을 세워야 했다.

사업이나 집필에 관련해 나름의 계획이 있었던 나는 그래도 시간을 잘 나누어 쓰려고 노력한 편이다. 그런데 그렇지 않은 경우 연수 중인 다른 가족을 뒷바라지하는 것에 지쳐 정작 자신의 시간은 하나도 가지지 못할 수도 있다. 한국을 떠나기 전에 미리 계획을 세워볼 것을 권한다.

학교생활의 이모저모

2020년 9월, 팬데믹 선언 이후 미국 내에서도 코로나 확진자가 급증했다. 보스턴 역시 지속적으로 확진자가 증가하고 있는 상황이어서 학교의 전면적인 대면 수업은 정지되었다. 온라인 수업 3일과 대면 수업 2일로 학사 일정을 진행했다. 영어 실력이 부족한 아이들을 위한 ELL 수업이 마련되어 있는데, 제한된 대면 수업으로 인해 수업 내용을 이해하는 데 어려움이 있었다. 친구들을 사귀고 소통하는 데도 제한을 받다 보니 학교에 적응하기가 몹시 힘들었다.

그럼에도 불구하고 우리 아이들은 잘 버텨주었다. 1년 동안 적응하느라 애쓰면서 학교생활을 잘 마무리할 수 있었다. 물론 학교 선생님들의 아이들에 대한 끊임없는 칭찬과 조언, 따뜻한 보살핌이 있었기에 가능한 일이었다. 선생님들은 우리 부부와 정기적으로 줌zoom 미팅을 하면서 학교생활에 대한 피드백을 해주셨다. 학부모의 요청사항에 대해서도 너무나 충실하게 이메일이나 전화 등을 통해서 설명해주셨다. 특히 윌리엄 초등학교에는 한국인 ELL 선생님이

계셨는데, 둘째가 수업을 이해하고 학교 친구들과도 즐겁게 지내는 데 정말 큰 도움을 주셨다.

또한 겨울이 나고 봄학기 시작되자, 아이들도 학교에 가자 차츰 학교생활에 적응해갔다. 영어도 조금씩 들리고 친구들이랑 어울리면서 한결 기분이 좋아진 것을 그저 지켜보는 것만으로도 느낄 수 있었다.

학교에서는 인종차별에 대한 엄격한 교육도 이루어지고 있었다. 데이 중학교를 다녔던 아들에게 불미스러운 일이 있었다. 같은 반 흑인 친구가 장난치면서 '옐로우'라고 인종차별 발언을 했다는 것이다. 그 이야기를 듣고 학교 선생님께 말씀드렸더니, 인종차별 발언에 대해 교장선생님과의 줌 미팅이 이루어졌다. 나아가 학교에서 별도의 위원회가 개최되어 이 문제가 다루어졌다. 결국 아들은 '옐로우'라고 놀린 친구에게 공식적으로 사과를 받게 되었다.

어릴 때 외국에 나가 다양한 문화를 접할 수 있게 해서 아이들에게 글로벌한 시각을 만들어주려고 했었던 터라 내심 씁쓸할 수밖에 없었다. 팬데믹 이후 아시아인에 대한 혐오 범죄가 증가함에도 불구하고 보스턴은 그런 경향에서 비교적 벗어나 있어 안심하고 있었는데, 다민족 국가인 미국에서 인종차별에 대한 내재된 심리는 뿌리 깊다는 것을 새삼 느끼게 되었다. 다만 학교의 적절한 사후 처리는 만족스러웠다.

겨울이 나고 봄학기가 시작되자
영어도 조금씩 들리고 친구들이랑
어울리면서 한결 기분이 좋아진 아이들을 볼 수 있었다.
다만 다민족 국가인 미국에서 인종차별에 대한
내재된 심리는 뿌리 깊다는 것을
새삼 느꼈지만 학교의 노력은 만족했다.

보스턴 도착 후 일주일을 위한 팁

렌터카 빌리기

　보스턴을 출발하기 전에 아파트를 1년, 정확하게는 11개월로 계약했다. 계약 기간에 따라 렌트 비용이 다르게 책정되는데, 11개월 계약이 가장 낮게 책정되어 있었다. 아파트 계약 완료 후 1년에 135달러 정도 되는 아파트 보험도 가입했다.

　준비 완료 후 보스턴에 도착했다. 공항에서 미리 예약을 해둔 렌터카를 이용하여 오번데일에 위치한 메리어트 호텔로 먼저 이동해서 1박을 했다. 도착 날짜와 입주 날짜가 하루 정도 차이가 있었기 때문이다. 뉴턴과 오번데일은 공항에서 차량으로 약 20~30분 정도의 거리여서 매우 가까운 편이다.

　렌터카의 경우 크라이슬러 미니밴을 선택했다. 1주일가량 빌렸는데, 내부 공간이 넉넉해 짐을 옮기거나 침대와 식탁, 가구 등 생활에 필요한 제품들을 구매하는 데 큰 도움이 되었다. 렌터카를 사용해야 한다면 도착 후 일주일 정도는 승용차나 SUVSports Utility Vehicle보다는 미니밴을 사용하는 것을 추천한다. 이것저것 싣고 나르고 살 것이 많기 때문이다.

은행 업무 보기

보스턴에 도착해서 호텔 체크인을 한 후 가장 먼저 한 일은 BOABank Of America에 가서 계좌Checking & Saving Account를 개설한 것이다. 한국에서 가져온 달러를 입금하고 직불Debit카드와 신용Credit카드를 만들었다. 계좌는 부부 공동명의로 개설하였고, 직불카드 2장과 신용카드 1장을 만들어서 사용했다.

우리 부부가 계좌를 개설하고 거래한 BOA 지점은 아파트와 가까운 뉴턴 니덤 스트리트 235235 Needham St, Newton에 위치하고 있다. 처음 방문한 날은 예약을 안 한 상태라 계좌 개설, 현금 입금, 카드 신청 등 여러 가지 업무에 2시간 정도 걸렸던 것 같다. 2020년 하반기에는 한국 직원분이 인사 발령으로 근무하게 되어서 은행 업무 처리에 많은 도움을 받을 수 있었다.

보증금(1개월 렌트 비용)을 낼 수 있는 현금만이면 충분한 것 같다. 계좌 개설 후 한국에서 송금하면 되므로 차를 구입할 비용까지 현금으로 가지고 올 필요는 없다. BOA의 대부분 업무는 앱으로 처리가 되고 공인인증서 같은 것이 필요 없으니 무척 편리하다. 특히 앱에 있는 챗봇인 에리카가 아주 똑똑해서 웬만한 건 물어보면 다 해결해 준다. 이런 점은 한국이랑 큰 차이가 없었다.

인터넷 설치와 휴대폰 개통

BOA 계좌 개설 후 인터넷 설치가 필요했다. 컴캐스트Comcast의 엑스피니티Xfinity 대리점62 2nd Ave, Burlington, MA 01803을 방문하여 기본상품에 가입했고, 와이파이 모뎀을 수령해 직접 연결했다. 와이파이 모뎀은 구입하거나 대여할 수 있다. 대여할 경우 매월 렌탈 요금을 낼 수 있는데, 우리 가족은 1년만 사용할 것이기 때문에 구입하기보다는 렌탈 요금을 추가로 지불하는 것으로 했다.

휴대폰의 경우 한국에서 AT&T 유심을 구입해왔기 때문에 보스턴 공항에 도착해서 유심을 변경해 바로 사용했다. 해외체류 시 한국에서 사용하던 번호를 그대로 사용하는 듀얼 유심도 있어 각자 본인의 상황에 맞게 미리 준비하면 되겠다. 미국 생활을 하는 도중에 한국에서의 여러 가지 업무 처리를 위해서 인증번호가 필요할 때가 많은데, 이를 위해서는 듀얼 유심이 좋다. 한국에서 휴대폰 없으면 아무것도 못 한다는 점을 생각한다면 한국 번호는 반드시 유지해야 한다.

보스턴에서 알뜰폰도 쓸 수 있다

나와 아내는 AT&T 선불 유심폰으로 했지만, 아이들은 알뜰폰인 민트 모바일로 가입했다. 한국에서 일단 가능한 서비스로 먼저 가입한 뒤 알뜰폰으로 번호 이동하는 것도 가능하다. 요즘은 아이나 어른이나 휴대폰이 필수다. 그러다 보니 통신비를 절감하기 위해 발품 파는 노력은 한국이나 미국이나 피할 수 없는 것 같다.

생활용품 마련하기

우드랜드 스테이션 아파트의 경우 타운하우스형이 아닌 일반형은 침실과 거실 대부분이 카펫형으로 되어 있다. 침대를 미리 구입하지 않는다면 입주 첫날은 바닥에서 잠을 자야 하는 상황을 맞을

비행기에서 보스턴을 본다.
한국에서 얼만큼 준비해야 할까?
인터넷은? 휴대폰은? 집은?
학교는? 생필품은? 많은 생각이
들었지만 보스턴에서도 똑같은 사람들이
산다는 것을 인식했다.
문제는 한정된 시간만 여기서 산다는 것.
그것이 우리에게 주어진 과제였다.

수도 있다. 우리는 한국에서 침낭과 바닥에 깔고 잘 수 있는 매트를 준비해갔는데, 그것이 큰 도움이 되었다.

새 보금자리에서 빠르게 정착하려면 생활용품, 주방용품, 식료품이 넉넉한 것이 좋다. 보스턴이라고 예외가 아니다. 우리 가족은 H마트, 월마트, 코스트코, 홀푸드Whole foods, 이케아 등에서 필요한 제품들을 사들였다. 우리는 아파트가 위치한 뉴턴에서 95번 도로를 타고 버링턴에 위치한 H마트로 가서 전기밥솥을 비롯해 한국 식료품들을 우선 구매했다. 이어서 월섬에 있는 코스트코에 들러 다이슨 청소기, 담요를 비롯한 침구류, 주방용품, 식료품들을 장만했다. 처음에는 잘 몰랐지만, 특수한 제품이 아니라면 코스트코에 대부분의 제품들이 마련되어 있다. 뒤늦게야 일괄 구매를 하면 시간을 절약할 수 있다는 생각을 하게 되었다.

필요한 물품을 사자면 한도 없지만 우리 가족이 미국에 머무는 시간은 1년으로 한정되어 있기 때문에 물건을 살 때도 신중할 수밖에 없었다. 생활용품이나 주방용품의 경우 〈보스턴코리아〉의 '사고/팔고' 코너를 이용하면 득을 볼 수 있다. 보스턴에서 이사를 하거나 귀국이사 등을 하는 분들이 사용하던 제품들을 판매하는 경우가 많은데, 본인의 입주 날짜에 맞춰 일괄적으로 인수해서 사용하는 것도 좋은 방법이다.

식탁과 사이드 테이블 등 몇몇 제품들은 〈보스턴코리아〉를 통해서 중고 제품을 구입했다. 〈아마존 프라임〉에 회원 가입을 해서 〈아마존〉에서도 필요한 제품들을 마련했다. 참고로 〈아마존 프라임〉에 회원 가입을 하면 대부분의 제품을 1~2일 내에 받아볼 수 있다. 홀푸드에서 할인이나 적립도 되어 우리는 매우 유용하게 써먹었다.

보스턴에서 먹은 집밥?

외국에서 살다 보면 아무래도 한국 음식이 생각나기 마련이다. H마트는 캠브리지의 매장보다는 버링턴의 매장이 크고 붐비지 않고 제품도 많은 것 같다. 대부분의 식재료는 H마트, 코스트코, 홀푸드에 마련되어 있으나 깻잎, 콩나물은 H마트에 가야 구입할 수 있다. 정착 초기에는 반찬가게의 배달을 이용했다. 뉴턴의 '늘푸른집밥'이 맛있다. 주 1회 배달, 비용은 100달러로 매주 다양한 반찬들을 세트로 배달해준다.

김치는 H마트와 코스트코에서도 살 수 있지만, 우리 가족은 이미 이야기한 대로 고센김치Goshen Kimchi를 이용했다. 뉴욕에서 2주에 1회 보스턴으로 배달을 오는데, 픽업 지점은 버링턴몰 노드스트롬Nordstrom 백화점 주차장이었다. 카톡 아이디 Goshen Foods로 문의를 하면 된다. 김치뿐만 아니라 여러 종류의 만두도 정말 맛있게 먹어서 자주 이용했다.

자동차 사기와 운전면허증 받기

자동차 구입에서 인도받기까지

우리나라에서도 차량이 필수적이지만 미국에서는 차량이 없으면 여간 곤란한 게 아니다. 그래서 보스턴에 도착 후 10일 정도 렌터카를 사용해 생활에 필요한 물품들을 구매했다. 렌터카를 반납하기 전에 차량 구매를 완료해야 한다는 생각으로 신차를 판매하는 매장과 중고차 딜러를 방문해 차량 가격을 알아보았다. 개인적인 선호도나 경제적인 상황에 따라 정말 다양한 선택을 할 수 있겠지만, 우리는 가성비가 뛰어나고 미국에서 거주 경험이 있는 많은 지인분들이 추천해준 도요타 혹은 혼다 SUV를 구매하기로 했다.

2020년 9월은 코로나19 발생 이후 미국 내에서도 폭발적으로 확진자가 증가하는 시기였다. 그로 인해 기존에 생산한 재고 차량들에 대해서 할인 판매를 하기도 했다. 적당한 차를 물색하던 중 아파트를 주선해주신 한국분이 지인인 도요타 딜러를 소개해주셨다. 그분의 도움으로 우리는 라브4 가솔린 기본 모델로 계약을 할 수 있었다.

주소 Woburn Toyota, 394 Washington St, Woburn, MA01801

우드랜드 스테이션 아파트 입구 오른편에 '올드 타임 개러지Old Time Garage'라는 차량 수리 센터에서도 많지는 않지만 10~20대 정도의 중고차를 항상 판매하고 있었다. 판다익스프레스에서 점심식사를 테이크 아웃하기 위해서 가던 길에 발견한 곳으로, 데드햄Dedham 방향으로 15분 정도 떨어진 거리에 제법 큰 도요타와 혼다 중고차 대리점이 나란히 있다. 미리 알았더라면 하는 아쉬움이 컸다.

주소 Parkway Toyota of Boston 1605 VFW Pkwy, West Roxbury, MA 02132

워터타운 방향으로 10분 정도 거리에 도요타 중고차를 판매하는 매장도 발견했다. 둘째의 피아노 레슨으로 일주일에 적어도 한 번은 매장 앞을 지나쳤는데, 잘 정비된 차량들을 제법 다양하게 보유하고 있었다.

주소 Toyota of Watertown Used Car Annex, 414 Pleasant St,
Watertown, MA 02472

팬데믹으로 차량을 등록하고 운전면허증을 교부 받는 RMVRegistry of Motor Vehicles 사무실이 대면 방문을 제한하고 있었다. 운영 시간도 단축해서 평소 1~2일 정도 되는 차량등록 업무 기간이 2주로 늘어났다. 우리는 워번에 있는 도요타 딜러를 방문해 차량을 확인하

차량 소유증서

고 계약금을 현금으로 지불했다. 차량보험은 월섬Waltham에 위치한 AAAAmerican Automobile Association 대리점을 통해서 맙프리MAPFRE 보험에 가입했다. 2주 정도 후에 차량등록이 완료되었다는 연락이 왔고, 은행에서 미리 발급받아 준비한 수표를 지급하고 차량을 인도받았다. 이제 우리 가족의 든든한 발이 생긴 것이다.

주소 AAA Northeast Ins. Agency, Inc. 856 Lexington Street,
Wal-Lex Plaza, Waltham, MA 02452

1년 정도 단기 체류를 하는 경우 한국 운전면허증과 국제면허증을 소유하고 운전을 해도 문제가 없다. 하지만 우리는 매사추세츠주 운전면허증을 발급받는 것이 생활에 편리할 것 같아서 보스턴총영사관 홈페이지와 RMV 홈페이지를 통해 서류를 확인하고 Real ID 카드를 발급받았다. Real ID 카드와 Standard ID 카드 두 종류가 있는데 발급을 받기 위해 제출해야 하는 서류에 차이가 있다. SSN 카드혹은 SSN Denial Letter, 거주지 렌트 계약서, 전기/수도 등 유틸리티 요금고지서 등이 필요하다.

Real ID 카드를 발급받는 과정은 나에게 매우 험난한 과정이었다. 우선 팬데믹으로 인해 RMV 방문을 위해서는 온라인으로 2주 전에 미리 예약을 해야 했다. 한번은 PDF 파일인 영문운전경력증명서를 프린터로 인쇄해서 가져갔는데 용지 사이즈가 Letter로 설정되어서 그런지 여백 일부가 잘려진 형태로 출력이 되었다. 그것을 본 RMV 직원은 원본 사이즈와 다르다고 발급을 거부했다.

이후 보스턴총영사관의 노력으로 한국에서 뒷면에 영문이 기재되어 있는 신규 운전면허증을 소지한 경우 영사관에서 별도의 번역 공증을 하지 않고도 RMV에 한국 영문운전면허증을 제출하면 발급이 가능하도록 업무가 변경이 되었다. 그 정보에 따라 나는 RMV에 발급을 요청했지만 직원과 매니저는 그런 지침을 받은 적이 없다면서 매우 불친절한 태도로 영사관에서 번역공증을 받아오라고 했다. 사전에 RMV의 불친절함에 대해 많은 지인들에게 들은 바 있어 마음의 준비는 하고 있었으나 막상 경험을 해보니 상상 이상이었다. 실제 당하고 나서야 불친절함을 경험해본 분들의 마음을 이해할 수 있었다.

나는 보스턴총영사관에서 근무하는 직원분에게 워터타운에 위치한 RMV에서 일어난 상황에 대해서 설명했다. 직원분은 변경된 업무 절차에 대해서 RMV에 안내하겠다고 약속했다. 그 약속이 지켜져 나는 2주 후 세 번째 방문만에 Real ID 카드 발급을 받을 수 있었다. 나라마다 시스템과 문화가 다르고, 나처럼 외국에서 업무를 보려면 언어적인 한계가 있기 마련이다. 그렇지만 민원인의 문제를 해결하려는 데 초점을 두는 한국과 자신의 업무에 초점을 두는 미국의 차이점을 극명하게 느낀 경험이었다.

한국에 고속도로의 하이패스 시스템이 있듯이 매사추세츠주에도 비슷한 시스템이 있다. 바로 EZ PASS이다. 이것을 신청하면 매우 편리하다. ezdrivema.com에서 주소와 은행계좌 등을 등록하고 신청하면 우편으로 받을 수 있다. 나의 경우 20달러의 금액을 충전해두었는데, 충전금액이 부족해지면 은행계좌에서 자동 충전이 되도록 설정해두었다. 사소하지만 이런 작은 팁 덕분에 혼잡한 도로에서 인상 찌푸릴 일을 줄일 수 있었다.

공공도서관에서 얻는 보스턴 생활의 즐거움

보스턴 생활의 즐거움 중 하나는 집에서 5분 정도 떨어진 거리에 있는 뉴턴 공공도서관Newton Free Library에서 읽고 싶은 책을 무료로 빌려서 읽을 수 있다는 점이다. 운전면허증 혹은 거주지를 증명하는 렌트 계약서 등이 있으면 도서관 카드를 발급받을 수 있다. 이 도서관 카드는 매사추세츠주 각 타운에 위치한 도서관에서도 사용이 가능하다. 집필을 계획하고 있던 나에게는 꼭 필요한 공간이었다.

팬데믹 초기에는 도서관 역시 폐쇄되었다. 온라인으로 예약한 도서에 한해서 픽업만 가능하기도 하여 보스턴에 도착한 초기에는 자주 가지 못했다. 백신의 보급과 단계적으로 제한이 풀리면서 도서관을 자유롭게 이용할 수 있었다. 특히 아이들을 위한 책이 잘 준비가 되어 있으니 아이들과 함께 자주 도서관을 이용할 것을 추천한다. 우리 아이들도 좋아하던 곳인데, 아무래도 영어가 익숙지 않

위쪽_ 뉴턴 공공도서관
아래쪽_ 버지니아 A. 타시안 어린이 방

아 볼 수 있는 콘텐츠가 제한되는 아이들에게 다양한 어린이 도서
는 흥미로울 수밖에 없었을 것이다.

도서관 홈페이지에는 외국인들을 위한 ELL 프로그램과 영어를
공부할 수 있는 다양한 소스들이 있다. 팬데믹으로 대면교류가 제한
되고, 이용 가능한 일부 프로그램 역시 온라인으로 진행하는 바람에
아쉬운 점들이 꽤 많았다. 그렇지만 연수 기간 동안 외국어를 제대
로 배우고 싶다면 꼭 챙겨야 할 사항이다.

보스턴에서는 달려라

강변을 따라 조깅하기

하버드 혹은 MIT 캠퍼스가 있는 찰스강 주변뿐만 아니라 우드 랜드 스테이션 아파트 주변 역시 눈이 많이 내리는 추운 겨울을 제외하고는 조깅을 하기에 너무 좋은 환경을 가지고 있었다. 황사로 인해 답답한 하늘이 아닌 선명한 파란 하늘, 깨끗함이 느껴지는 공기, 잘 관리되고 있는 크고 작은 공원들이 가까운 거리에 있어 특별한 일정만 없다면 매일 조깅을 했다. 자연을 달리는 그 시간이 큰 즐거움이었다.

우드랜드 스테이션 아파트 입구 정문 맞은편에 프라이빗 골프 클럽인 우드랜드 골프 클럽이 있고, 오른편으로는 또 하나의 프라이빗 클럽인 브래이번 클럽이 있다. 아파트 정문으로 나와서 브래이번 클럽 방향으로 도로를 따라 풀러 스트리트-체스넛 스트리트-비콘

우드랜드 골프 클럽Woodland Golf Club

스트리트로 이어지는 약 1시간 정도의 조깅 코스는 가장 많이 이용
한 코스이다. 석양이 질 무렵 그 길에서 마주하는 하늘은 영원히 간
직하고 싶을 정도로 매우 아름다운 풍경이었다. 또한 복잡한 마음속
의 생각을 정리할 수 있는 시간이기도 했다.

보스턴은 동쪽으로 대서양을 마주하고 있고, 도시를 관통하는 찰
스강을 품고 있다. 바다와 강 외에 호수와 저수지도 많다. 단조로운

왼쪽_ 체스트넛 힐 저수지, 오른쪽_ 보스턴 칼리지Boston College

주택가를 벗어나서 호수에서 불어오는 바람과 호흡하며 조깅을 하고 싶다면 보스턴 칼리지 근처에 위치한 체스트넛 힐 저수지Chestnut Hill Reservoir, 브룩라인에 위치한 자메이카 호수Jamaica Pond, 워번에 위치한 혼 호수Horn Pond를 추천한다.

체스트넛 힐 저수지의 경우 멋진 고딕풍의 건물들과 오래된 나무들이 잘 어우러져 있는 보스턴 칼리지의 아름다운 캠퍼스를 함께 달릴 수 있다는 장점이 있다. 호수 자체가 크지 않기 때문에 가볍게 산책하기에도 좋은 곳이다.

워번에 위치한 혼 호수의 경우 우드랜드 스테이션 아파트에서

왼쪽 혼 호수의 산책로, 오른쪽 캠브리지에서 바라본 찰스강 건너편 보스턴 시내

차량으로 95번 도로를 타고 북쪽으로 20분 정도 가면 만날 수 있다.
체스트넛 힐 저수지와 자메이카 호수에 비해서 호수의 크기가 크고,
몇 개의 산책 코스가 있다. 특히 산책 코스 중간중간 잠시 앉아서 쉴
수 있는 벤치가 있어 커피 한잔에 좋아하는 음악을 곁들이면 정말
좋다. 벤치에 앉아 햇살에 반짝이며 잘게 일렁이는 물결을 바라보고
있노라면 마치 내가 동화 속 한 장면으로 들어온 느낌이 들곤 했다.

보스턴에서 가장 달리고 싶은 조깅 코스 하나만 추천해달라고 하면 주저 없이 찰스강을 꼽고 싶다. 그곳을 몇 개의 코스로 나누어서 달려보라고 하고 싶다. 찰스강은 동쪽이 강 하류로 대서양과 만나고, 서쪽이 강 상류로 강폭이 좁아진다. MIT 교정이 있는 하류에서 상류로 올라가면 캠브리지 쪽 하버드 대학교 교정이 있고, 강을 건너 보스턴 쪽으로는 보스턴 대학교가 있다. 아이비리그의 본 고장을 달리다 보면 아이들을 키우는 부모 입장에서 무심코 지나칠 수 없는 풍경이다. '우리 아이들도 저런 곳에서 공부하고 싶어할까?' 묻고 싶지만 자칫 하면 쓸데없는 압박이 될 것 같아 참았다.

찰스강 하류 방향으로 조금 더 내려오면 19세기 미국 최고의 조경가 프레드릭 로 옴스테드의 에스플러네이드Esplanade 녹지공원이 있다. 옴스테드는 현대 도시공원의 개척자로 평가받는 인물이다. 도시공원 설계자인 그는 개인적 공간으로서의 조경 정원을 도시공원으로 이끌어냈다. 찰스강 하류의 에스플러네이드 녹지공원은 손꼽히는 보스턴의 명소로, 지역의 랜드마크 역할을 하고 있다.

휴일에 아내와 함께 찰스 강변을 따라 산책이나 조깅을 하곤 했다. 팬데믹에도 불구하고 연수를 와서 연수기관의 교수님들과 같이 공동연구를 진행하다 보니 좋은 논문을 써야 한다는 압박감에 온통 머릿속에 연구만 가득한 상황이었다. 그나마 이렇게 함께 조깅하는

1 찰스강 에스플러네이드 녹지공원에서 바라본 석양
2 MIT 킬리언 코트에서 바라본 찰스강
3 보스턴 대학교 다리 위에서 바라본 전망

보스턴에 오면 무조건 달려라.

잔잔한 물결 위로 떠다니는 배들과

보스턴 시내의 아름다운 건축물이 어우러진 풍경은

마치 한 폭의 그림과 같았다.

다리를 건널 때마다 달라지는 풍경으로 지루할 틈이 없었다.

시간이 잠시라도 머리를 쉴 수 있는 틈이 된 것 같아 다행이었다.

　잔잔한 물결 위로 떠다니는 배들과 보스턴 시내의 아름다운 건축물이 어우러진 풍경은 마치 한 폭의 그림과 같았다. 내가 주로 이용한 조깅 코스는 MIT 슬론 경영대학원 앞부터 하버드 다리Harvard Bridge를 건너 에스플러네이드 공원을 지나 롱펠로우 다리Longfellow Bridge로 돌아오는 코스이다. MIT 교정 근처에서 출발해서 보스턴 대학교 다리Boston University Bridge를 건너 보스턴 대학 교정을 지나 하버드 다리로 돌아오는 코스도 즐겨 달렸다. 하버드 경영대학원Business School 혹은 케네디 스쿨Kennedy School을 출발지로 하여 앤더슨 메모리얼 다리Anderson Memorial Bridge를 건너 보스턴 대학 교정을 돌아오는 코스도 좋아했다. 다리를 건널 때마다 달라지는 풍경으로 지루할 틈이 없었다.

뜻밖의 응급실

의료보험 가입하기

J1 비자, J2 비자 기준으로 출국 전 미국 연수자 보험을 몇 개의 기관을 통해 확인해보았다. 기본 의료보험 상품이 J1 소지자는 매월 56달러(자녀 96달러, 배우자 380달러) 수준이었고, 보장 범위가 조금 더 넓은 상품은 매월 88달러(자녀 137달러, 배우자 747달러) 정도를 지불하는 조건이었다.

우리 가족은 국내 보험사인 한화손해보험사의 한화글로벌안심보험 상품에 가입했다. 4인 가족 기준으로 약 270만 원을 내는 조건이었다. 미국 보험회사의 보험상품보다는 저렴하지만 단점이 있다. 병원에서 가입된 보험사를 물어보면 'Uninsured'라 대답을 해야 했고, 1차적으로 병원 진료비를 먼저 지불한 뒤 영수증과 증빙서류를 챙겨 지급청구를 해야 하는 방식이어서 다소 불편할 수 있다는 점이다.

뉴튼-웰즐리 병원

미국에서 치료받기

팬데믹 속에서도 코로나19에 걸리지 않고 건강하게 생활을 했
으나, 중학생인 첫째가 갑작스럽게 복통을 앓았다. 긴급치료Urgent
Care 센터를 방문했더니 맹장염이 의심된다면서 응급실로 가보라고
했다. 덕분에 아파트 근처에 있는 뉴턴-웰즐리 병원Newton-Wellesley
Hospital 응급실을 경험하게 되었다.

긴급치료 센터에서 기본적인 문진과 소변 검사를 했는데 165달러의 비용이 청구되었다. 응급실에서는 소아과 전문의 진찰, 초음파 검사, 피검사를 했는데, 3,500달러 정도 비용이 나왔다. 다행스럽게도 맹장염이 아닌 것으로 판명되어 당일 오후에 퇴원할 수 있었다. 뉴턴-웰즐리 병원 응급실이 아파트에서 걸어서 5분 거리에 있다는 점도 우드랜드 스테이션 아파트의 거주 장점 중 하나라고 할 수 있겠다.

우리나라 SNS에 미국 여행 중 급작스럽게 치료를 받아 어마어마한 청구비를 내게 되거나 아예 치료를 거부받았다는 이야기가 종종 올라오기는 하지만, 직접 겪어보니 의료 시스템이 잘 갖춰져 있었다. 다만 우리 가족은 미리 보험에 가입한 덕분에 부담을 덜 수 있었다. 미국에 장기적으로 체류할 경우 반드시 준비해야 될 사항이다.

한국에서 맛볼 수 없는 골프의 맛

미국에서 라운딩하기

2020년 9월 17일에 보스턴에 도착했다. 팬데믹의 혼란 속에서 정착생활을 위해 필요한 물품들을 구매하고, 아이들 학교 등록, SSN Social Security Number 과 운전면허증 발급 등 행정적인 업무들을 처리하다 보니 뉴잉글랜드의 아름다운 단풍으로 물든 골프 코스를 생각할 여유가 없었다. 아들이 음악을 좋아해서 전자 키보드와 일렉 기타를 가져오다 보니, 정작 나의 골프 클럽은 이민가방 5개가 포함된 보스턴행 짐에 넣을 공간이 없었다.

한국에서 〈쿠팡〉 로켓배송을 자주 사용한 것처럼 보스턴에서도 〈아마존프라임〉 회원으로 조깅용품을 비롯하여 운동에 필요한 제품들을 구매했다. 블랙 프라이데이를 맞이해서 캘러웨이 스트라타 골프 클럽 풀세트를 장만했다. 이후 웨지 Wedge 세트 52,56,60를 추가로

스톤 미도우 골프연습장

구매해서 봄 시즌을 기약했었다.

골프연습장은 스톤 미도우Stone Meadow, 675 Waltham St #7935, Lexington, MA 02421와 맥골프McGolf, 150 Bridge St, Dedham, MA 02026 연습장을 자주 이용했다. 두 곳 모두 아파트에서 차량으로 약 15분 정도 떨어진 곳에 위치하고 있다. 스톤 미도우는 골프 연습장Driving Range 이용 요금이 버킷Bucket 사이즈별로 8~15달러, 맥골프는 버킷 1개당 10달러이다. 스톤 미도우의 경우 연습장 규모가 제법 크고 파 Par3 코스도 이용할 수 있는 장점이 있다. 맥골프의 경우 골프공이 자동으로 올라오는 타석도 설치되어 있는 점이 매력적이다.

스톤 미도우 홈페이지 stonemeadowgolf.com
맥골프 홈페이지 mcgolfonline.com

골프용품들은 아마존을 통해서 주로 구입했다. 오프라인 매장의 경우 갤럭시Galaxy, Burlington Square, 91 Middlesex Turnpike, Burlington, MA 01803와 플레이 잇 어게인 스포츠Play It Again Sports, 108 River St, Waltham, MA 02453 두 곳을 이용했다. 갤럭시 매장은 클럽과 의류, 신발 등 대부분의 제품을 판매하는 매장으로 시타를 해볼 수 있는 시설도 갖추고 있다. 플레이 잇 어겐인 스포츠의 경우 로스트볼을 저렴한 가격에 구입할 수 있었다.

팬데믹 초기에는 매사추세츠주에서 골프장 라운딩이 금지되어 골프가 허용되는 로드아일랜드주나 코네티컷주로 원정 라운딩을 가기도 했다는 이야기를 전해 들었다. 2020년 겨울 즈음 화이자와 모더나의 코로나19 백신 접종이 시작되었고, 2021년 3월부터는 골프장들에 대한 제한사항은 대부분 사라졌다. 드디어 라운딩을 할 수 있게 된 것이다.

좋은 골프 동반자들을 만나다

골프는 적어도 1명 이상의 동반자와 함께해야 즐거운 운동이다. 18홀을 혼자 도는 건 조금 외롭다. 그런 점에서 골프 친구를 만드는 것이 중요한데, 나는 지인의 소개로 보스턴에 거주하시는 분들을 알게 되어 매주 함께 라운딩을 할 수 있었다. 게다가 단기방문자로서는 접근하기 어려운 정보들도 많이 얻게 되어 큰 행운이 아닐 수 없었다. 외국생활의 고단함을 잊을 수 있는 귀한 시간이었다.

한국에서 지인들과 친목도모 혹은 비즈니스 목적으로 골프장에 갈 경우 거의 하루의 대부분을 골프장에서 보내야 했다. 그린피green fee, 골프장 코스 사용료 외에 캐디와 카트 비용까지 모든 것이 필수비용이어서 경제적 부담이 만만치 않았다.

그런데 보스턴에서는 운동 시작 10분 전에 골프 동반자들을 만나 클럽하우스에서 결제를 하면 라운딩을 바로 시작할 수 있었고, 18홀 라운딩 종료 후에는 곧바로 집으로 복귀할 수 있어서 하루 시간을 효율적으로 사용할 수 있었다.

더군다나 캐디의 존재가 없는 곳이 대부분이며, 전동 혹은 수동 카트도 옵션으로 선택을 할 수 있다는 점에서 한국에 비해 훨씬 가벼운 마음으로 골프를 즐길 수 있었다. 골프를 자주 하는 경우 대부분 수동 카트를 개인적으로 구입해서 직접 가지고 다니는 경우가 많았는데, 만일 보스턴에서 골프를 시작한다면 아마존 혹은 골프용품 매장에서 카트를 구입하라고 조언하고 싶다.

한국에서와 같은 그늘집이 없기 때문에 샌드위치나 바나나, 초콜릿, 커피, 음료 등 간식을 챙겨가서 라운딩 중간에 먹으면서 운동하는 것도 큰 즐거움이었다. 한국에서처럼 라운딩을 정해진 시간 내에 끝내야만 하는 시간적 압박감이 없는 것도 너무 좋았다. 무엇보다 더없이 좋은 것은 캐디 없이 페어웨이나 그린에서 모든 플레이를 내가 직접 결정을 하니, 점진적으로 실력도 향상된다는 점이다. 각각의 장단점이 있지만 생활 스포츠로 정착하기 위해서는 이런 점을 본받아야 할 것 같다.

구글링을 통해서 매사추세츠주의 베스트 퍼블릭 골프 클럽들을 검색할 수 있고 각 클럽의 홈페이지 혹은 기사를 통해서 주요한 특징들을 살펴볼 수 있다. 하지만 실제 라운딩을 해보면 그 경험은 개인마다 다를 것이고, 소개하는 글과는 전혀 다른 느낌을 받을 수도 있을 것이다.

이제 내가 동반자들과 함께 라운딩을 했던 골프장 가운데 추천하고 싶은 곳의 특징에 대해서 사진과 함께 간략하게 소개를 하고자 한다. 인터넷을 통해 구할 수 있는 영어로 된 간략한 정보와 달리 내가 직접 경험한 내용이라 아무래도 도움이 될 것이다. 만일 보스턴에서 골프를 즐기고 싶다면 아래 골프장 중 한 곳에서 반드시 한 번은 라운딩 해보기를 추천한다.

브레인트리 골프 코스 Braintree Municipal Golf Course

　브레인트리 골프 코스는 내가 가장 많이 라운딩을 한 곳이다. 가성비가 가장 뛰어난 골프장이라 할 수 있다. 블루 티Blue Tee, 남성 프로, 상급자를 위한 티 박스 기준 6,544야드의 전장을 가지고 있고, 호수와 크고 작은 나무들이 어우러진 자연 친화적인 코스로 설계되어 있다. 페어웨이 잔디와 그린 관리도 매우 훌륭한 편이다.

　홈페이지 혹은 〈골프나우GolfNow〉 앱을 통해서 예약이 가능한데, 평균적으로 그린피 25~30달러에 예약이 가능하다. 시간이나 예약 상황에 따라 15달러에도 18홀 라운딩을 할 수 있다. 나의 경우 대부

분의 라운딩에서 카트를 이용하지 않고 직접 클럽을 매고 다녔기 때문에 카트 비용을 절약할 수 있었다.

브레인트리 타운은 뉴턴에서 약 25분 정도 떨어진 곳에 위치하고 있다. 접근성이 매우 뛰어나서 아침 일찍 운동을 시작한 경우가 많았다. 구름 한 점 없는 맑은 날씨에 너무나도 깨끗한 공기를 마시며 하루를 시작하는 이른 아침 페어웨이를 걷다 보면, 호숫가 근처에서 나와 반대편 숲으로 향하는 거북을 가끔 조우하게 된다. 목표를 위해 부지런히 한 걸음 한 걸음 내딛는 모습에 옆에서 응원을 하기도 했다.

레드 테일 골프 클럽Red Tail Golf Club

레드 테일 골프 클럽은 미국 '퍼블릭 골프 코스 탑 50Public Golf Course Top 50'에 포함된 골프장이다. 코스마다 길고 넓게 자리 잡은 인상적인 벙커가 많아 티샷은 무조건 페어웨이에 잘 보내야 하는 어려움이 있다. 그럼에도 불구하고 페어웨이와 그린의 상태, 설계된 코스 조경의 아름다움 등을 감안하면 매사추세츠주 최고의 퍼블릭 골프장 중 하나임에는 틀림없다.

실버 티Silver Tee. 일반 남성. 여성 프로를 위한 티 박스 기준으로 전장은 6,674야드이다. 아래의 사진은 17번 390야드 파4 홀인데, 약간 높은

곳에 위치한 티잉 그라운드에서 벙커를 지나 좁아지는 페어웨이로 티샷을 보내야 하는 난이도가 매우 높은 홀이다. 그러나 어려운 만큼 도전적인 플레이를 할 수 있는 홀이기도 하다.

　레드 테일 골프장은 카트 비용이 포함된 비용으로 예약이 가능하다. 정상 가격은 100달러 이상이지만 요일별 시간대에 따라서 68~80달러로 이용할 수 있다. 솜사탕 같은 구름이 걸려 있는 화창한 날씨에 레드테일에서 라운딩을 한다면 9번 홀 그린에서 티잉 그라운드를 바라보며 사진 한 컷을 남기길 추천한다.

버터 브룩 골프 클럽Butter Brook Golf Club

　버터 브룩 골프 클럽은 2004년 4월 9일 오픈을 한 골프장이다. 전반 9홀이 파3 3홀, 파4 3홀, 파5 3홀로 구성되어 있다. 1번 티잉 그라운드에서 페어웨이를 보면 양쪽으로 울창한 소나무들이 있어 정교한 티샷을 필요로 한다. 반면 후반 9홀은 넓게 펼쳐진 페어웨이를 마주하게 되어 부담 없는 티샷을 할 수 있다.

　버터 브룩의 그린피는 카트 없이 라운딩할 경우 45~55달러 수준이다. 다른 골프장에서 전동 카트를 이용하더라도 버터 브룩에서는 카트 없이 워킹으로 라운딩해보길 추천한다. 그 이유는 버터 브룩의

페어웨이 잔디 관리가 굉장히 잘 되어 있기 때문이다. 매우 부드러워 한 걸음 한 걸음 내디딜 때마다 구름 위를 걷는 기분이었다. 또한 평이한 코스와 어려운 코스가 적절하게 배분되어 있어 동반자가 초심자라 하더라도 즐거운 시간을 보낼 수 있다.

메리맥 밸리 골프 클럽Merrimack Valley Golf Club

메리맥 밸리 골프 클럽은 뉴햄프셔주와의 경계에 있는 메수엔 타운에 있다. 뉴턴에서 약 50분 정도 떨어진 거리에 있어 평소 방문

했던 많은 골프장들이 30분 정도의 거리에 있는 것을 감안하면 다소 먼 느낌이 있었다.

그럼에도 불구하고 메리맥 밸리 클럽은 오후 2~3시 정도에 라운딩을 시작하는 시간으로 꼭 한번 방문하길 추천한다. 클럽하우스가 페어웨이보다 높은 곳에 있어서 확 트인 시야로 골프 코스 전체 조망이 가능하다는 점이 큰 장점이다. 또한 해가 질 무렵 하늘을 붉게 물들이는 석양도 너무 아름답다. 특히 18번 마지막 홀에서 석양을 배경으로 그린을 향해 아이언샷을 하는 추억은 아마 오랫동안 기억될 것이다.

샤이닝 락 골프 클럽 Shining Rock Golf Club

샤이닝 락 골프 클럽은 노스 브릿지에 위치한 퍼블릭 골프장이다. 매사추세츠주의 베스트 골프 코스 중 하나로 자주 언급되는 곳이다. 블루 티 기준 6,471야드의 전장을 가지고 있고, 오래된 큰 소나무들이 페어웨이 양옆으로 울창하게 우거져 있어 숲으로 공이 들어가면 찾기 어렵다. 또한 페어웨이의 언듈레이션 Undulation 도 심한 편이라 어렵게 느껴지는 코스 중 하나였다.

샤이닝 락 골프 코스는 매우 도전적이다. 특히 4번 홀이 시그니처 홀이라고 할 수 있다. 328야드 파4로서 그린이 오른쪽 내리막에

위치하고 있어 티잉 그라운드에서는 보이지 않으나, 페어웨이 중간에 숲 해저드를 넘기는 티샷을 안전하게 할 경우에는 숏 게임으로 버디를 할 수 있는 찬스가 생긴다. 클럽의 부대시설인 드라이빙 레인지Driving Range는 또 다른 매력이다. 그곳에서 라운딩 전에 연습을 할 수 있는데, 벙커샷을 연습할 수 있는 공간도 마련되어 있어 아주 유용하다.

파인힐스 골프 클럽PineHills Golf Club

파인힐스 골프 클럽은 플리머스 지역에 위치하고 있다. 1620년 9월 102명의 순례자가 메이플라워호를 타고 12월 21일 도착한 곳이 바로 플리머스 지역이다. 역사적인 지역에 자리한 파인힐스 골프 클럽은 매사추세츠주 10대 퍼블릭 골프 클럽에 항상 이름을 올린다. 그곳은 니클라우스Nicklaus 코스와 존스Jones 코스 2개가 있는 총 36홀 클럽인데, 니클라우스 코스가 어렵고 도전적이다. 하지만 그 재미 때문에 상대적으로 존스 코스에 비해 예약하기가 더 어렵다. 한편 이곳에도 드라이빙 레인지가 있어 연습하기에 좋다.

니클라우스 코스의 경우 블루 티 기준 6,640야드, 존스 코스의 경우 블루 티 기준 6,762야드이다. 니클라우스 코스는 페어웨이와 그린 주변에 벙커들이 많아 한 번 빠지면 탈출하기가 상당히 어렵다. 그린의 언듈레이션이도 꽤 심하고 속도도 매우 빠른 편이어서 적응하기 쉽지 않았다.

파인힐스는 매년 3월말에 오픈한다. 5월 중순까지의 기간 동안에는 100달러 이하의 비용(80~90달러)으로 라운딩을 할 수 있는데, 이 비용에는 카트와 드라이빙 레인지에서 연습할 수 있는 비용까지 포함되어 있다. 5월 중순 이후 본격적인 골프 시즌에는 115~145달러까지 비용이 올라간다. 때문에 파인힐스 라운딩 일정은 4~5월로 잡는 것을 추천한다.

파인힐스 골프 클럽 부근에 와벌리 오크 골프 클럽Waverly Oaks Golf Club,18홀과 크로스윈즈 골프 코스Crosswinds Golf Course,27홀가 있다. 두 클럽 역시 매우 훌륭한 클럽들이라 파인힐스와 함께 꼭 방문해보는 것을 추천한다. 크로스윈즈의 경우 위멧OUIMET, 존스JONES, 자하리아스ZAHARIAS 3개의 코스, 27홀을 같은 날 경험해보는 것도 좋은 방법이다.

블랙스톤 내셔널 골프 클럽Blackstone National Golf Club

마지막으로 추천을 하고 싶은 코스는 매사추세츠주 중부의 서턴에 위치한 블랙스톤 내셔널 골프 클럽이다. 파72-18홀의 코스는 그림 같은 풍경과 도전적인 레이아웃을 선사한다. 보스턴에서 약 1시간 정도 떨어진 거리이지만 꼭 한번 방문해볼 만한 골프 클럽이다.

블랙스톤 골프 코스는 세계적인 골프 코스 설계자인 리 존스Rees Jones가 디자인한 곳이다. 평지가 많은 골프장과는 달리 산악 코스가 상당 부분을 차지하고 있어 걷는 것보다는 전동 카트를 타고 이동하는 것을 추천한다. 나의 경우 동반자들과 방문하기 전에 워킹을

선택해서 골프 클럽을 양쪽 어깨에 메고 18홀 라운딩을 했다. 그날 마치 등산을 하는 것처럼 매우 힘들었다.

뉴잉글랜드의 아름다운 단풍으로 물든 골프 코스를

보스턴에서는 꼭 경험해보라고 권한다.

보스턴에서는 한국에 비해 훨씬 가벼운 마음으로 골프를 즐길 수 있었다.

한국에서처럼 라운딩을 정해진 시간 내에 끝내야만 하는

시간적 압박감이 없는 것도 좋았다.

보스턴에서는 생활 스포츠로 골프가 정착되어 여유로왔다.

Chapter 2

뉴잉글랜드의 **역사**와 **문화**를 따라서

플리머스에서 느낀 순례자의 숨결

미국의 시작을 만나다

플리머스는 미국 초기의 역사에서 매우 중요한 곳이다. 1620년 9월 102명의 순례자Pilgrims가 메이플라워호에 승선했다. 순례자들을 태운 배는 거의 한 달간 해안을 표류하다 12월 21일 간신히 한곳에 닻을 내렸다. 그곳이 바로 플리머스이다. 순례자들은 존 카버를 총독으로 선출하고 플리머스 촌락을 건설했다. 1691년 매사추세츠만Bay 식민지와 합병할 때까지 형제들처럼 헌신적으로 일하면서 강인한 정신력과 우수한 재능으로 그들의 생활을 이어나간 것이다.

2020년 10월, 메사추세츠주도 코로나 확진자가 증가 추세에 있었다. 일 평균 1,000명 이상이 발생하고 있는 상황이었다. 하지만 보스턴의 정착 생활에 어느 정도 적응이 되었기에 용기를 냈다. 아이들에게 신대륙을 향한 도전정신의 상징이기도 한 메이플라워호를

보여주기로 계획을 세웠다. 미국의 시작을 보여준다는 계획에 아이들도 흥미를 갖는 듯 보였다.

플리머스 마을 해변에는 필그림 기념 공원Pilgrim Memorial State Park이 있다. 공원에는 순례자들이 첫발을 내디뎠다고 전해지는 '플리머스 기념 바위Plymouth Rock'도 볼 수 있다. 메이플라워호를 복제한 메이플라워 2호는 장관이었다. 약 130억 원의 비용을 들여 복원 수리를 마치고 2020년 8월 다시 진수해서 현재와 같이 전시하고 있

샌드위치 보드워크

다고 한다.

초기 정착민들의 삶을 재현해 놓은 플리머스 플랜테이션Plymouth Plantation도 있다. 비교하자면 한국의 민속촌과 같은 곳이다. 플리머스의 주요 관광지 중 하나이지만 이곳까지 방문하지는 못했다. 나와 아내도 아쉬웠지만, 미국에 왔어도 팬데믹으로 별다른 구경을 한 번도 못한 아이들이 실망이 적지않을 것이다. 우리 가족은 고즈넉한 해변가 벤치에 앉아 바다에 한가로이 떠 있는 배들을 감상하고 1620년 폭풍우를 뚫고 힘겹게 상륙한 초기 청교도 정착민들을 상상해보는 것으로 플리머스에서의 짧은 오후 시간을 보냈다.

여름에는 케이프코드로 가야 한다

보스턴의 대표적인 여름 휴양지는 케이프코드Cape Cod이다. 플리머스에서 케이프코드 방향으로 약 30분 정도 떨어진 거리 반스터블 카운티Barnstable County에는 케이프코드에서 가장 오래된 마을 샌드위치Sandwich가 있다. 이곳의 명물은 샌드위치 보드워크Sandwich Boardwalk이다. 샌드위치 보드워크는 2010년 〈내셔널지오그래픽〉에 의해 미국의 10대 보드워크Boardwalk 중 하나로 선정되었다.

샌드위치 보드워크 입구 주차장에 주차를 하고 약 10분 정도 보드워크를 따라서 걸으면 타운 넥 비치Town Neck Beach로 이어진다.

흐린 날씨에 쌀쌀한 가을바람으로 해변에서 시간을 많이 보내지는 못했지만, 보드워크의 끝자락에 도착하면 누구나 뛰어들고 싶을 만큼 멋있는 바다가 눈앞에 펼쳐진다.

'내년 여름에는 팬데믹이 끝나고 아이들과 여기로 물놀이를 올 수 있을까?' 이런 생각을 하다 보니 여름이면 다시 한국으로 돌아가야 한다는 사실이 떠올랐다. 아직 연수 초반이지만 돌아갈 일도 마음에 새겨야 함을 새삼 깨달았다.

렉싱턴과 콩코드에서 독립의 역사를 배우다

미국 독립전쟁의 첫 총성이 울린 곳

보스턴은 미국 독립의 역사가 시작된 도시다. 렉싱턴과 콩코드는 1775년 4월 19일 미국 독립전쟁의 포문을 연 영국과 미국 간의 전투가 있었던 지역들로, 타운 곳곳에 중요한 역할을 했던 건물과 장소가 매우 잘 보존되어 있다.

렉싱턴 방문자센터Visitor center 내부에는 당시의 전투 현황을 묘사한 작은 모형들이 만들어져 있다. 방문자센터 맞은편 배틀 그린 Battle Green 앞쪽에서는 렉싱턴 민병대상Lexington Minuteman Statue을 만날 수 있다. 이 민병대원은 결의에 찬 표정으로 두 손으로 총을 움켜지고 보스턴 쪽을 향해 서 있다. 화강암 위에 세워 8피트 높이의 청동상으로 만들었는데, 보스턴의 조각가 킷선Henry A. Kitson의 작품이다. 킷선은 영국군과의 첫 교전을 지휘한 찰스 파커 대위를 모델

1 　렉싱턴 민병대상
2 　노스 브릿지 North Bridge
3 　콩코드강 Concord River
4 　콩코드 민병대상

로 1900년에 이 청동상을 완성했다.

앙드레 모루아의 《미국사》에 따르면 "매사추세츠 식민지 의회의 하부조직인 지방의회가 1분 대기반Minute Men이라는 민병조직을 창설했다. 1775년 4월 영국의 게이지 장군은 콩코드에 화약고가 있다는 정보를 입수하고 4월 18일 스미스 대령에게 600~800명의 사병을 이끌고 콩코드를 습격하라는 명령을 내리는데, 이 정보를 알아낸 키 작은 은세공업자이자 자유의 아들들의 단원이며 '보스턴 티파티(차 사건)'에도 참가한 폴 리비어Paul Revere가 야간에 말을 몰아 민병대장을 깨웠고 렉싱턴까지 온 영국군은 약 40명의 민병대원과 정면으로 충돌했다."라고 당시의 상황을 묘사하고 있다.

다리를 사이에 두고 대치한 식민지군과 영국군

렉싱턴에서 교전이 벌어졌다는 소식을 접한 콩코드의 민병대는 시내에서 조금 떨어진 노스 브릿지North Bridge 너머 작은 언덕 뒤로 집결해 있었다. 노스 브릿지를 사이에 두고 벌어진 전투는 민병대에서 독립을 위한 식민지군으로서 스스로 영국군과 힘으로 맞선 첫 전투였던 것이다.

콩코드의 노스 브릿지 너머 서 있는 콩코드의 민병대상Concord Minuteman Statue은 렉싱턴의 민병대상과 대조적으로 모자를 쓴 채

오른손으로는 총을, 왼손으로는 쟁기의 손잡이를 잡고 있다. 콩코드의 조각가 대니얼 프렌치Diniel C. French가 노스 브릿지 전투 100주년을 기념해 1875년에 제작, 봉헌한 작품이다. 콩코드 민병대상은 농부이면서 군인인 전형적인 민병Militia의 모습이다.

렉싱턴과 콩코드 사이에 역사의 자취로 이어진 배틀 로드 트레일Battle Road Trail을 따라 미닛 맨 역사 공원Minute Man National Historical Park까지 5마일 정도는 산책 코스로 제격이다. 전원 풍경의 고즈넉함과 여유로움을 한껏 느낄 수 있다. 따뜻한 봄날 혹은 단풍이 아름답게 물든 가을의 어느 날 가족과 함께 산책을 즐긴다면 더없이 즐거운 추억과 하루를 만들 수 있을 것이다.

우리 가족도 뜻깊은 시간을 보냈다. 풍경 자체로도 아름다워 좋은 곳이지만, 세계를 이끄는 미국의 출발이 이런 작은 다리에서 일어난 사건 때문이라는 사실이 나와 아이들에게 많은 생각할 거리를 던져준 것이다.

프리덤 트레일에서 자유를 밟다

보스턴에서 자유를 걷다

　미국 동부 혹은 보스턴을 여행하는 사람이라면 누구나 한 번은 보스턴 다운타운에 위치한 자유를 향한 발자취인 프리덤 트레일 Freedom Trail을 찾는다. 보스턴 커먼에서 시작해 시내 중심부를 따라 바닥에 붉은 벽돌로 선처럼 이어진 약 4km의 길을 따라 16개의 역사적 장소들이 연결되어 있는데, 벤저민 프랭클린, 새뮤얼 애덤스, 폴 리비어 등의 동상이 세워져 있다. 이 중 새뮤얼 애덤스는 미국 독립혁명 지도자로, 보스턴을 대표하는 맥주 브랜드인 '새뮤얼 애덤스'의 주인공이다. 프리덤 트레일에서는 그래너리 공동묘지도 빼놓을 수 없다. 이곳에는 〈독립선언서〉의 서명자들과 역사적 유명인사들이 잠들어 있다. 미국 건국의 아버지들의 숨결을 느낄 수 있다.

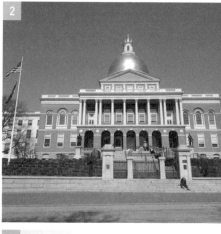

1 조지 워싱턴 기마 동상George Washington Statue
2 매사추세츠 주청사Massachusetts State House
3 킹스 채플King's Chapel
4 올드 사우스 미팅 하우스Old South Meeting House

보스턴 커먼과 주청사

보스턴 커먼의 왼편에는 1837년에 만든 약 3만 평 규모의 미국 최초의 공공식물원인 퍼블릭 가든Public Garden이 자리 잡고 있다. 퍼블릭 가든의 입구에 들어서면 조지 워싱턴의 기마 동상이 서 있고, 호수 주변으로 펼쳐져 있는 많은 나무와 꽃, 잔디밭, 그리고 조각상들이 공원을 더욱 풍성하게 만들고 있다.

프리덤 트레일의 출발점은 1634년 지어진 미국에서 가장 오래된 공원인 보스턴 커먼Boston Common이다. 보스턴 커먼은 1775년 미국 독립전쟁의 첫 전투인 렉싱턴-콩코드 전투를 위해 레드코츠Redcoats 라 불리는 영국군이 출전 전에 모여서 훈련을 했던 장소였다. 공원 가운데는 살인자, 해적, 마녀의 목을 매달았던 더 그레이트 엘름The Great Elm이라는 나무가 있던 장소이기도 하다. 미국 남북전쟁에서 사망한 매사추세츠 병사들과 선원들을 기리기 위해 세워진 군인과 선원 기념비Soldiers and Sailors Monument도 세워져 있다.

보스턴 커먼의 방문자 센터에서 시작한 프리덤 트레일의 두 번째 건물은 비콘 힐Beacon Hill 꼭대기에 건축가 찰스 불핀치아들이 유명한 작가인 토머스 불핀치가 설계한 매사추세츠 주청사이다. 이 주청사는 황금색으로 빛나는 돔을 가지고 있다. 1798년 첫 번째 주지사였던 존 핸콕이 일했던 곳이기도 한데, 황금색 돔의 경우 처음에는 나무로 지었다가 후에 23캐럿의 금박을 입혔다고 한다.

킹스 채플과 구 주청사

킹스 채플은 보스턴 최초의 영국성공회 교회다. 1686년에 설립되었는데, 현재의 건물은 1754년에 세워졌다. 킹스 채플 묘지에도 유명한 인물들이 잠들어 있는데, 그중 매사추세츠주 식민지의 초대 총독인 변호사 존 위스럽John Winthrop을 꼽을 수 있다. 존 윈스럽이 찰스 강변에 건설한 도시가 바로 보스턴이다. 현재 킹스 채플의 담임목사Senior Minister는 하버드 로스쿨을 졸업한 목사The Rev. 조이 팰런Joy Fallon이 2013년부터 맡고 있다.

킹스 채플을 지나면 벤저민 프랭클린 동상이 있는 구 시청Old City Hall이 있다. 조금만 걸어서 아래쪽으로 내려가면 1729년 청교도 회의장으로 세워졌다가 식민 상황에서 영국 활동에 반대하는 대규모 대중 시위 회의의 중심지가 되었던 올드 사우스 미팅 홀Old South Meeting House이 있다. 현재는 박물관으로 사용 중이다.

1770년 3월 5일 보스턴 대학살Boston Massacre의 장소이기도 한 구 주청사Old State House는 1713년에 지어져 식민지 통치의 행정부로 사용되었다. 이후 〈독립선언서〉가 처음으로 보스턴 사람들에게 새로운 국가의 탄생을 알린 역사적인 장소가 되었다. 우리가 방문했을 때 보스턴 대학살 현장Boston Massacre site 표지판 앞에 노숙자 한 분이 있었다. 빈곤의 아픔이 현대의 학살로 이어지는 건 아닌가 하는 생각이 들었다. 나는 적은 금액이지만 노숙자분에게 진심을 담아

기부를 했다. 그리고 앞으로 잘 살아가셨으면 하는 마음의 기도를
드렸다.

패눌 홀과 폴 리비어 하우스

앞서 소개한 새뮤얼 애덤스는 미국 건국의 아버지 중 한 명으로
꼽히기도 한다. 그는 보스턴 티파티Boston Tea-Party 사건을 이끌었고,
독립혁명 이후 상원의원과 주지사로 선출되기도 했다. 보스턴 시청
사 맞은편 집회와 토론의 장소로 사용된 패눌 홀Faneuil Hall 앞에 그
의 동상이 세워져 있다. 당시 상인이었던 피터 패눌이 4층 규모의
상가 건물로 지어 1742년 보스턴 시에 기증했다고 한다.

노스엔드 지역은 보스턴에서 비콘 힐과 함께 가장 오래된 곳이
다. 현재는 보스턴 최고의 이탈리아 음식 골목이기도 하다. 프리덤
트레일의 붉은 벽돌을 따라 노스엔드로 들어서게 되면 폴 리비어 하
우스와 올드 노스 교회를 만나게 된다. 올드 노스 교회는 1723년 지
어진 보스턴에서 가장 오래된 기독교 교회다. 높이가 53m에 달하
는데, 첨탑은 1804년에 훼손되었으나 건축가 찰스 불핀치가 새롭게
디자인했다.

이밖에도 미국 독립혁명 당시의 우국지사이자 은세공업자인 폴
리비어의 집과 무덤 및 벤저민 프랭클린의 동상 등 많은 역사 유적

을 만날 수 있다. 지금 세계의 좌지우지하는 패권 국가 미국의 작지만 의미 있는 출발점을 되돌아볼 수 있는 좋은 경험이었다.

월든 호수에서 자족하다

진정한 자연인의 집, 월든 호수 오두막

자연 속에 살았고, 자연과 인간이 어우러지는 삶을 추구했던 헨리 데이비드 소로Henry David Thoreau, 1817~1860. 그는 콩코드 지역 월든의 숲속에 몸소 오두막을 짓고 2년 남짓 살면서 그 삶을 기록했다. 그 기록이 바로 수필집《월든》이다. 소로가 호숫가에 지은 오두막은 현재는 없다. 대신 오두막이 있던 자리를 보존한 채 호숫가 입구에 복제품을 전시해두었다.

어느 날 나는 소로의 자취가 남은 그곳을, 월든 호수Walden Pond State Reservation를 한 바퀴 걸었다. 1.7마일 정도 되는 오솔길을 따라 걷는 동안 소로가《월든》에서 이야기한 것들에 대해 조금은 공감이 가는 느낌이 들었다. 보스턴만 해도 서울의 복잡함을 벗어난 상쾌함이 있었는데, 이곳은 더 깊은 심연으로 들어온 느낌이었다. 단순하

월든 호수

고 자족하는 삶이야말로 행복이 아닐지….

에머슨의 후손을 만나다

　소로에게는 친구이자 스승이 있었다. 시인 랄프 왈도 에머슨이
다. 에머슨은 자연은 예찬했던 인물로, 소로는 그의 영향을 많이 받

랄프 왈도 에머슨 하우스
28 Cambridge Turnpike, Concord, MA 01742, +19783692236, Ralphwaldoemerson-house.org

왔다. 콩코드 지역에는 에머슨이 살았던 집, 즉 랄프 왈도 에머슨 하우스Ralph Waldo Emerson House가 있다.

나는 랄프 왈도 에머슨 하우스를 두 번 찾아갔다. 첫 번째 방문은 실패였다. 팬데믹으로 문이 닫혀 그대로 발걸음을 돌려야 했다. 그후 오픈되었다는 정보가 있어 다시 찾아갔다. 하지만 여전히 문은 열리지 않고 있었다. 어떤 할아버지, 할머니 두 분이 집을 관리하고 계시기에 여쭈었더니, 할머니는 에머슨가의 손녀이신 앨런 에머슨Ellen Emerson이라고 하셨다. 집 내부를 보고 싶어 두 번이나 일부러 찾아왔다는 나의 이야기를 들으시고는 실내 그림이 담겨 있는 엽서를 집으로 보내주겠노라고 약속하셨다. 정말로

앨런 에머슨과 함께

3주 정도 후에 나는 엽서를 우편으로 받았다. 정말 감사한 일이었다.

세일럼의 마녀를 기억하라

　1692년 6월 10일 영국의 매사추세츠 식민지 항구도시 세일럼. 60세 여성 브리짓 비숍의 목에 밧줄이 걸렸다. 마녀 재판Salem Witch Trials의 판결은 교수형이었다. 브리짓 비숍은 마녀 재판의 첫 희생자였다. 그날 브리짓 비숍에 이어 줄줄이 18명이 마녀로 찍혀 교수대에서 목숨을 잃었다.

　세일럼 마녀 재판은 한마디로 비극이다. 그런데 그날의 재판을 소녀들이 희생된 재판으로 잘못 아는 경우가 많다. 교수형 당한 19명 중 삼십대 3명, 사십대 3명, 오십대 3명이었고, 나머지는 모두 환갑을 넘긴 노인이었다. 소녀가 아닌 여자들이 '사탄의 자식'으로 찍힌 것이다. 당시 여성에 대한 사회적 인식이 암암리에 드러난 사건이다.

　도시 이름부터 예루살렘의 옛 이름에서 따왔다는 경건한 도시 세일럼. 원주민과의 전쟁, 본국과의 관계 등 식민지의 정치가 혼란

해진 가운데 이주 초기의 신앙 순수성에 대한 회복 욕구가 맞물렸다는 분석이 지배적이다. 말 그대로 청교도들의 세상을 꿈꾸었던 것이다. 그 욕구가 마녀 재판이라는 끔찍한 비극을 불러왔다.

매사추세츠주는 1711년 공식 사과하며 '마녀들'의 유죄 기록을 지웠다. 재판관 중 한 명의 후손이던 너새니얼 호손Nathaniel Hawthorne, 1804~1864은 선대의 죄를 조금이나마 씻겠다는 생각에 소설 《주홍글씨》를 썼다.(〈세일럼의 마녀 재판〉, 권홍우, 서울경제, 2019. 06. 09)

호손의 고향은 세일럼이다. 그는 《주홍글씨》 외에 《일곱 박공의 집》(1851)이란 소설을 쓰기도 했다. 이 소설에서도 마녀 재판에 대해 언급하고 있다. 세일럼에는 호손의 생가와 소설의 무대인 일곱 박공의 집이 남아 있다. 두 집은 잘 가꾸어진 정원과 잔잔한 바다와 잘 어우러져 있다. 호손의 생가는 1750년, 일곱 박공의 집은 1668년에 지어졌다고 한다.

뉴잉글랜드 유물 보존 협회 순례기

뉴잉글랜드 유물 보존 협회Historic New England는 매사추세츠주 보스턴에 본사를 둔 자선 비영리 조직이다. 홈페이지를 통해서 멤버 십에 가입하면 매사추세츠주 외에 메인주, 뉴햄프셔주, 코넷티컷주, 로드아일랜드주에 위치한 역사적 장소들을 무료로 탐방할 수 있다. Dual Plus 65달러에 가입하면 성인 2명과 18세 미만의 자녀는 무제 한 무료 입장도 가능하다. 우리 가족에게 딱 필요한 혜택이었다. 홈 페이지 혹은 아래의 내용을 살펴보고 관심이 있다면 멤버십 가입을 강력 추천한다.

유스티스 에스테이트Eustis Estate

코로나 확진자 숫자가 줄어들고 일주일 평균 확진률도 감소하면

유스티스 에스테이트
(1424 Canton Ave, Milton, MA 02186, +16179946600. Historicnewengland.org)

서 뮤지엄과 미술관 등은 사전예약을 통해서 제한된 인원만 입장할
수 있도록 바뀌어가고 있었다. 아예 문이 닫혀 있던 때와 비교하면
큰 변화였다. 평소 건축에 관심이 많은 나는 뉴잉글랜드 유물 보존
협회 멤버십에 가입해서 여기저기 산재해 있는 역사적인 건축물들

을 탐방해보기로 했다. 그 첫 번째 실천으로 밀턴Milton, MA에 위치한 유스티스 에스테이트에 다녀왔다.

유스티스 에스테이트는 1878년 당시 보스턴의 저명한 건축가 윌리엄 랄프 에머슨William Ralph Emerson이 설계했다. 유스티스 가족이 사용을 해오다 2012년에 뉴잉글랜드 유물 보존 협회 재단에서 매입, 2017년부터 대중에게 공개하고 있다. 내부공간의 세밀함은 로드아일랜드 뉴포트의 대저택에서 느껴지는 호화로움보다는 인간적인 따뜻함이 묻어나는 장소라고 생각된다. 오래된 영화에 나올 법한 엔틱한 공간이지만 사람 사는 온기가 느껴진 것이다.

발터 그로피우스 하우스Walter Gropius House

뉴잉글랜드 유물 보존 협회 두 번째 탐방 때 독일의 디자인스쿨인 바우하우스Bauhaus의 설립자이자 하버드 대학원에서 디자인을 강의했던 발터 그로피우스Walter Gropius가 부인과 함께 거주했던 집을 다녀왔다. 주말에만 예약이 가능한데, 뉴욕에서 건축을 전공하고 있는 학생 스태프가 1시간 동안 상세하게 설명을 해주었다.

그로피우스는 모더니즘을 대표하고 근대 건축의 거장 중 한 명이다. 그는 나치와 히틀러를 피해 영국을 거쳐 미국으로 왔다. 이때 대부분의 재산을 독일에 두고 왔는데, 링컨 지역에 많은 토지를 가

발터 그로피우스 하우스
(68 Baker Bridge Rd #3105, Lincoln, MA 01773, +17812598098,
historicnewengland.org)

지고 있던 헬렌 여사가 토지와 건축비를 2만 달러나 지원해 1938년
에 아내와 함께 거주할 집을 지었다. 이후 독일에서 가구들은 직접
가지고 올 수 있었다. 그 시절의 가구들은 이제 전시물이 되었다. 보
관 상태가 매우 훌륭해서 그로피우스의 숨결이 생생하게 다가온다.

그로피우스의 집은 정문에서 보면 생각보다 작다. 볼 만한 게 있
을까 하는 생각마저 들게 만든다. 그런데 막상 내부에 들어가면 1시
간이 금방 지나간다. 모던한 디자인과 뛰어난 공간 배치, 그로피우
스의 디테일이 눈길을 사로잡는다. 우리 주변에서 볼 수 있는 많은

건물과 가구들이 그의 디자인의 영향을 받았기 때문이다. 나는 일요일에 그의 집을 방문했다. 그의 집을 나섰을 때 일요일 오후가 풍족한 느낌이 들었다.

해먼드 성 박물관Hammond Castle Museum

해먼드 성 박물관은 글로스터Gloucester 해안을 따라 위치한 저택 사이에 위치한 중세 유럽풍의 건축물이다. 발명가이자 여행가인 존

해먼드 성 박물관
(80 Hesperus Ave, Gloucester, MA 01930, +19782832080, Hammondcastle.org)

헤이즈 해먼드 주니어John Hays Hammond, Jr.가 1929년에 해먼드 성을 건축했는데, 지금은 고대 로마 시대의 유물, 르네상스 시대의 유물, 8,400개의 파이프로 만들어진 오르간까지 해먼드의 수집품들로 채워진 공간으로 탈바꿈했다. 미국에서 중세 양식의 성을 구경할 수 있다는 것이 특별한 경험이었다. 1시간 정도 가이드 투어를 진행하면 알찬 시간을 가질 수 있다. 시원한 바다 전망도 추억거리다.

뷰포트 슬리퍼-맥캔 하우스Beauport, Sleeper-McCann House

헨리 데이비스 슬리퍼Henry Davis Sleeper, 1878~1934의 여름 별장인 뷰포트 슬리퍼-맥캔 하우스도 추천한다. 슬리퍼는 미국 최고의 실내장식가이자 수집가로 평가받는 인물이다. 그는 1907년 부지를 구입해서 글로스터의 건축가인 할프던 M. 핸슨Halfdan M. Hanson, 1884~1952과 함께 여름 별장을 지었다. 슬리퍼의 사후 1935년에 유럽예술품들을 수집하던 미세스 헬레나 울워스 맥캔Mrs. Helena Woolworth McCann이 이 아름다운 건축물을 구입했다.

여름 별장의 내부에서는 미국 제일의 실내장식가의 섬세한 감수성을 엿볼 수 있다. 아름다운 실내 디자인과 공예품이 마음을 사로잡는다. 별장 바깥도 놓칠 수 없다. 피크닉을 즐길 수 있는 바다 조망의 예쁜 정원이 발길을 붙잡는다.

뷰포트 슬리퍼-맥캔 하우스
(75 Eastern Point Blvd, Gloucester, MA 01930, +19782830800, Historicnewengland.org)

이렇듯 뉴잉글랜드는 시간 여행을 하는 듯한 기분을 느낄 수 있는 유물이 곳곳에 남아 있다. 서울도 과거와 현재가 만나는 도시이지만, 보스턴과 그 주변 지역이 주는 느낌은 단순히 이국적인 풍경을 넘어 생각을 깊게 하는 매력이 있다.

트러스티스 맴버십의 혜택

트러스티스Trustees는 조경건축가인 찰스 엘리가 1891년에 설립했고, 매사추세츠주 전역에 걸쳐 100개 이상의 특별한 장소(거의 27,000에이커)를 관리하고 있다. 트러스티스는 초기 정착민 시대의 풍경을 보존하고 모든 사람들을 위해 영원히 열린 공간을 유지하는 데 헌신하는 활기차고 성장하는 사람들의 네트워크이다.

트러스티스 맴버십에 가입하는 것을 추천한다. 가족 맴버십은 연간 70달러로, 성인 2명과 17세 이하 아이들은 트러스티스에서 관리하는 뮤지엄, 농장, 공원 등에 무료로 입장할 수 있다.

크랜 에스테이트의 캐슬 힐Castle Hill on the Crane Estate

뉴턴에서 1시간 정도 운전해서 세일럼의 마녀를 지나 입스위치

크랜 에스테이트의 캐슬 힐
(290 Argilla Rd, Ipswich, MA 01938,
+19783564351)

에 가면 캐슬 힐이 있다. 캐슬 힐은 1910년 시카고의 사업가 리처드 T. 크랜 주니어Richard T. Crane, Jr가 부동산 매입 후 지은 건물이다. 이후 1928년에 시카고의 유명한 건축가이자 시카코 예술위원회Art Institute of Chicago 이사회의 구성원으로 오랜 기간 활동한 데이비드 아들러David Adler가 59개의 방으로 이루어진 저택으로 다시 설계했다. 영화 〈작은 아씨들〉의 촬영지로 쓰이기도 했다.

건물 앞쪽으로 있는 잔디길을 따라 걷다 보면 바다를 마주하며 휴식을 취할 수 있는 벤치가 나온다. 나도 평일에는 시간이 나지 않지만 아이들과 아내는 주말이나 부활절, 크리스마스 연휴 이외에는 먼 곳으로 돌아다닐 여유가 없었다. 그런데 오랜만에 나는 아내와 함께 벤치에 앉아 텀블러에 담아간 커피를 마셨다. 그저 함께할 수 있어서 좋은 시간이었다.

데코르도바 조각공원 미술관De Cordova Sculpture Park and Museum

보스턴에는 보스턴 미술관과 이사벨라 스튜어트 가드너 뮤지엄을 비롯한 많은 미술관이 있지만 2020년 12월 코로나로 인해 실내 관람이 제한되었다. 나는 차선책으로 야외 관람이 가능한 데코르도바 조각공원과 미술관에 다녀왔다. 그곳은 30에이커 정도 되는 넓은 부지에 다양한 조각품들과 나무와 잔디로 조성되어 있었다. 잔디가 푸근해 아이들이 뛰어놀기에도 좋았다. 코로나로 인해 야외활동을 거의 하지 못했는데, 마음껏 뛰어다니는 모습이 보기 좋았다. 데코르도바 조각공원과 미술관은 콩코드의 월든 호수와 그리 멀지 않은 곳에

위치하고 있다. 소로는 월든 호수보다 조각공원 옆 플린츠 호수를 더 좋아했다는 이야기도 전해온다.

아래 자동차 작품은 백남준의 작품이다. 〈20세기를 위한 미사곡 Requiem for the 20th Century〉(1997)이다. 미국에서 만나는 한국 작가의 작품은 반가움을 더했다.

위어리버 농장Weir River Farm

2021년 7월, 한국으로 귀국하기 전에 아이들과 좀 더 많은 추억을 쌓고 싶어서 트러스티스 홈페이지를 뒤졌다. 선셋 피크닉을 발견하고 바로 예약했다. 하지만 피크닉을 떠난 날 날씨가 흐려 일몰은 기대하기 어려웠다. 그래도 실컷 피크닉을 즐겼다. 미리 준비한 치킨과 과일에 푸드 트럭의 샌드위치까지 더하니 진수성찬이 따로 없었다. 밴드 공연은 덤이었다. 일몰이 없어도 가족과 함께 충분히 즐길 수 있는 시간!

우리는 사진에 나오는 캠핑 의자가 없었다. 대신 벤치에 앉아서 음식을 먹고 음악을 즐겼다. 캠핑 의자 따위 없어도 아무런 문제가 없었다. 그래도 캠핑 의자가 있다면 유용하게 쓸 수 있겠다는 생각은 들었다. 보스턴에는 잔디 공원이 많고 야외에서 피크닉을 할 수 있는 곳도 많기 때문이다. 사실 팬데믹 속에서 외부행사와 사람들이 모이는 모임이 대부분 취소되었기 때문에 캠핑 의자의 필요성을 늦게 깨달은 것 같다.

벌판을 자유롭게 뛰노는 것도 좋지만 오랜만에 가족끼리 나란히 앉아 마음속 이야기를 도란도란 속삭이려면, 아무래도 캠핑 의자가 필요한 것 같다. 여러분이 보스턴으로 떠난다면 도착해서 캠핑 의자를 구입하기를 권한다. 가족이 있다면 가족용으로!

위어리버 농장
(140 Turkey Hill Ln, Hingham, MA 02043 +17817407233)

서머 캠프는 미리미리

서머 캠프 예약하기

여름은 서머 캠프의 계절이다. 좋은 캠프들은 보통 1~2월이면 등록이 종료된다고 하며, 그래도 3~5월 정도에도 많은 캠프에 자리가 있어서 등록할 수 있다. 최소한 방학을 하는 6월 이전에는 결정해놓는 것이 좋다.

여러 주제로 캠프가 열린다. 사실 이름은 캠프이나 대부분은 등하교 방식으로 운영되며 대개 주week별로 등록하게 된다. 2~4주 프로그램이 보통이다.

한국에서는 학교마다 차이가 있긴 하지만, 대부분 방과 후 프로그램으로 학기 중 혹은 방학 중에도 예체능을 비롯하여 다양한 과목들을 등록을 할 수 있었는 데 비해, 보스턴에서는 학교가 아닌 별도의 기관에 등록을 해야만 했다. 스포츠 활동을 비롯하여 음악과 미술, 수학과 과학 등 정말 다양한 프로그램을 선택할 수 있는 장점은 있지만, 직접 찾아보고 등록을 해야 한다는 점에서 현지 상황에 익숙지 않으면 어려움이 있을 수밖에 없다.

보스턴으로 단기 연수를 올 경우 가을학기에 시작을 해서 봄학기를 마치고 여름에 귀국을 하기 때문에, 봄학기의 정규 과정을 끝내면 미국 내 다른 도시로 여행을 하고 귀국을 하는 경우가 많다. 그런데 우리 아이들은 여행하는 것을 좋아하지 않고, 특히 팬데믹 상황이라 둘째의 경우 나이 제한으로 백신접종을 하지 못한 상황이었기 때문에 여행을 계획하는 건 무리가 있었다.

그래서 귀국하기 전에 영어 공부와 관심을 가지고 있는 음악, 미술 분야의 프로그램을 서머 캠프를 통해서 듣고 친구들과 함께 시간을 보내는 것으로 결정을 했었다.

각종 서머 캠프 정보

SPACE summer camp

(https://sites.google.com/abschools.org/space-camp/home)

뉴턴 교육청(https://www.newton.k12.ma.us)에서 진행하는 서머스쿨이다. 스포츠, 음악, 미술, 수학, 과학 등 여러 영역을 커버하는 프로그램이 제공된다. 점심을 주고 오후 3시 30분까지 진행하는데, 원하면 오전 8시부터 오후 6시까지 연장을 신청할 수 있다. 단 추가 금액을 지불해야 한다. 2022년 기준으로 7월 5일부터 28일까지 약 3주 반 프로그램이 종일(9시~3시 30분, $1,850) 제공되었다.

우리 아이들은 힘들어할 것 같아 모닝 프로그램만 했고 금액은 1,250달러였다. 데이 중학교에서 진행했기에 참여가 용이했고, 다른 캠프와는 달리 ELL 프로그램 있어서 영어가 서툰 우리 아이들에게는 적합했다.

뉴턴 시청의 공원, 레크리에이션 및 문화 담당 부서Newton Parks, Recreation, and Culture에서 운영하는 여러 캠프는 주 단위로 운영하며, 몇몇 초등학교(윌리엄스Williams, 피어스Pierce) 교정에서 진행한다. 주당 약 300달러 정도인데, 양궁, 배드민턴, 테니스, 골프 등 여러 스포츠 레슨도 신청 가능하다. (https://newtonma.myrec.com/info/activities/default.aspx)

명문 벨몬트 힐 고등학교의 서머스쿨

(https://www.belmonthill.org/about/summer-programs)

6~15세를 대상으로 하는 스포츠 캠프와 6~12학년이 참여할 수 있는 서머스쿨인데, 에세이, 스피치, 수학, 프로그래밍, 실험 등의 아카데믹 액티비티로 구성되어 있다. 남자 고등학교이지만 서머스쿨

은 남녀 모두 지원 가능하다.

패센든 사립 중학교의 서머스쿨
(https://fessendensummercamps.org/)

이곳 역시 여러 가지 스포츠 및 예술, 과학영역으로 구성되어 있는대, 야구, 라크로스, 스쿼시, 연극, 뮤지컬, 실험과학 등의 갖가지 캠프가 있다.

버클리 음대의 중학생 대상 프로그램
(https://www.berklee.edu/summer/programs/day-sessions/music)

12~14세 대상 음악 캠프 프로그램이다. 악기 및 노래, 음악이론, 합주 및 작곡 등을 선택에 따라 배울 수 있는데, 주당 998달러로 가격은 다소 부담스러운 수준이다. 우리가 머물 때에는 온라인으로 한다고 해서 참여하지 않았다.

뉴턴 보이즈 앤 걸즈 클럽의 서머 캠프
(https://www.newtonbgc.com)

아들 학교 근처에 있는 어린이 청소년 과외활동을 지원하는 비영리단체가 운영하는 프로그램이다. 학기중에는 방과 후 학교 및 아이 돌봄child care을 제공하고 여름에는 서머 캠프를 운영한다.

데코르도바 뮤지엄의 서머 캠프
(https://thetrustees.org/program/the-hive-camp-schedule-and-pricing/)

데코르도바 조각공원 캠퍼스를 돌아보며, 예술작품에 대해 배우고 미술활동을 해보는 캠프이다. 주당 약 500달러이다.

귀국을 앞둔 시점에 마지막으로 유명한 여행지를 둘러보는 것도 좋지만, 학교나 단체에서 제공하는 좋은 프로그램을 서머 캠프로 체험하는 것도 유용한다. 우리 아이들이 참여할 곳을 고르는 데 있어서, 아이들의 흥미와 팬데믹이라는 상황, 비용 등 많은 사항을 고려했다. 물론 언제나 잊지 않았던 것은 아이들에게 즐거운 추억이 될 것인가이다.

양조장과 맥주의 추억

새뮤얼 애덤스 양조장에 가다

보스턴을 대표하는 맥주 브랜드는 새뮤얼 애덤스SAMUEL ADAMS
Brewery다. 집안 대대로 맥주를 양조했던 짐 코크Jim Koch는 아버지
의 다락방에서 고조할아버지인 루이스 코크Louis Koch의 수제 맥주
제조법을 발견했다. 이후 풍미가 깊고 몰트와 다른 재료들이 균형을
잘 맞춰 다양한 향을 내는 수제 맥주를 만들어냈다.

1984년 짐 코크는 론다 칼만Rhonda Kallman과 동업하여 크래프트
비어수제 맥주를 생산하는 보스턴 비어 컴퍼니를 설립하며 본격적으로
맥주 산업에 뛰어들었다. 그는 자신이 만든 맥주를 술집에 들고 다니
며 홍보를 했고, 1985년 정식으로 새뮤얼 애덤스 보스턴 라거 맥주
를 출시했다. 새뮤얼 애덤스 보스턴 라거는 출시한 지 6주 만에 그레
이트 아메리칸 비어 페스티벌Great American Beer Festival에서 실시한

새뮤얼 애덤스 양조장
(30 Germania St, Boston, MA 02130, +16173685080,samadamsbostonbrewery.com)

소비자 선호 조사에서 미국 최고의 맥주로 선정되었다. 짐 코크는 무엇보다 품질을 최우선으로 생각했다. 그 생각대로 세계를 여행하며 최고급 품질의 홉, 맥아 등의 맥주 원재료를 발굴해 사용했다.

자메이카 호수 근처에 새뮤얼 애덤스 양조장이 있다. 팬데믹 이전이라면 양조장 투어 프로그램과 시음도 할 수 있었겠지만, 사진에서와 같이 바Tap Room 입구에 세워진 동상에도 하얀색 마스크가 씌워져 있어서 꿈도 꿀 수 없었다. 결국 내부 관람만 하고 아쉬움에 맥주 몇 캔을 구입해서 나올 수밖에 없었다.

트리 하우스 브루잉 컴퍼니의 양조장에서 시음

어느 날, 트리 하우스 브루잉 컴퍼니Tree House Brewing Company라는 양조장을 찾았다. 뉴잉글랜드 IPAIndia Pale Ale의 유니콘으로 성장하고 있는, 2019년《자이머지》지誌 선정 미국 베스트 양조장Zymurgy Magazine's Best Breweries in America에서 6위를 기록한 양조장이다.

트리 하우스 브루잉 컴퍼니는 보스턴에서 서쪽으로 운전해서 1시간 정도 걸리는 찰턴Charlton에 위치하고 있다. 2011년부터 창업자의 부엌과 헛간에서 맥주를 만들기 시작했다. 2017년 세 번째로 이사를 했는데, 그곳이 바로 찰턴의 양조장이다. 이 양조장에서 만든 맥주는 양조장 안에서만 구입할 수 있다. 팬데믹으로

트리 하우스 브루잉 컴퍼니
(129 Sturbridge Rd, Charlton, MA 01507,
+14135232367, Treehousebrew.com)

인해 온라인 주문하고 차량으로 픽업을 하는데, 차량 줄이 장난이 아니다. 나는 11시 영업 시작 시간에 맞춰서 갔어도 1시간 기다렸다가 주문한 맥주를 받았다. 내려오는 길에 출입문 아래쪽으로 길게 늘어선 차량들은 아마 2시간 이상은 족히 기다려야 받을 듯싶었다.

뉴잉글랜드 IPA NEIPA: New England IPA는 탁하지만 황금색의 외관과 풍부한 과일향을 가지고 있다. 홉을 많이 사용하지만 쓴맛을 줄이고 과일향을 살리기 위해 드라이 호핑 dry hopping 기법을 사용하는데, 입안에 퍼지는 과일향과 목 넘김의 담백함, 부드러움에 매료되지 않을 수가 없다. 그동안 내가 마신 맥주는 맥주가 아닌 것처럼 느껴질 정도였다.

첫 방문은 혼자였지만, 2021년 7월에는 아내와 함께 찰턴의 양조장을 다시 방문했다. 2020년 겨울에는 온라인 주문 후 차량 내부에서 신분증과 주문서 확인 후 주문한 맥주를 차량 주변에 가져다주면 받을 수 있었는데, 이제는 본격적인 백신 접종 이후 맥주를 시음하고 양조장 주변을 즐길 수 있게 오픈이 되었다.

트리 하우스 브루잉 컴퍼니의 양조장은 찰턴 외에 디어필드 Deer-field, 샌드위치-케이프코드 Sandwich-cape code, 우드스톡-코네티컷 Woodstock-Connecticut에서 운영되고 있다. 트리 하우스는 매우 빠르게 성장하고 있는 맥주 브랜드이다. 맥주를 마실 수 있거나 맥주에 대해 관심이 있으시다면 보스턴에 있는 동안 찰턴의 양조장에 꼭 방문해서 맥주의 맛과 음악과 분위기를 즐겨볼 수 있는 시간을 가질 것을 강력히 추천한다.

맥주의 시작은 수도원

17세기 프랑스에서 트라피스트 수도회가 만들어졌다. 이것이 '수도원 맥주'라 불리는 트라피스트 맥주의 시작이다. 엄격한 규율이 특징인 가톨릭 수도회에서 술을 만들었다는 게 의아할 수도 있다. 그런데 그 시절 수도원이 술을 만드는 건 보편적인 일이었다. 위생이 불안했던 시절, 물보다는 술이 안전했기에 술이 물을 대신하기도 했고, 집단생활을 하는 수도원에는 충분한 노동력이 있었기에 양조장을 운영하기에 제격이었다.

지금까지 공인된 트라피스트 양조장은 총 12곳이다. 벨기에 6곳, 네덜란드 2곳, 오스트리아, 영국, 이탈리아, 그리고 미국에 1곳이 있다. 미국의 트라피스트 양조장은 수도원 양조장인 스펜서Spencer Trappist Brewery이다. 스펜서에 대한 자세한 설명은 '트라피스트 수도원은 유럽에만 있는 것 아냐?'라는 의문으로 소개를 시작하는 브런치 작가 '날마다 좋은 하루'의 〈열두 개의 트라피스트 에일이 남아 있습니다〉를 참고할 것을 권한다.

스펜서는 찰턴의 트리 하우스에서 20분 정도 떨어진 거리에 위치

성 요셉 수도원

하고 있다. 사실 나는 수도원 맥주 양조장보다는 양조장 근처에 있는

성 요셉 수도원St Joseph's Abbey

을 보고 싶어서 스펜서를 찾아

갔다. 성 요셉 수도원은 돔 에

드먼드 푸터러Dom Edmund Fut-

terer의 지도 아래 알타 크레스

트 농장Alta Crest Farms의 이전

부지에 1950년에 설립되었다. 수도자들은 1950년 화재로 심하게 피해를 입은 로드아일랜드 컴벌랜드에서 현재 스펜서로 이전을 했다.

1961년 토머스 키팅Thomas Keating 신부가 수도원장으로 선출된 이후로, 돔 파스칼 스쿠테키Dom Pascal Skutecky와 돔 오귀스틴 로버츠Dom Augustine Roberts를 거쳐 현재는 1996년에 선출된 데미안 카Damian Carr가 재임 중이다.

수도원은 넓은 잔디밭과 조경된 나무들이 적절하게 배치되어 있다. 수도원에서 들려오는 타종 소리는 사람의 마음을 정화시키고 잡념을 사라지게 만드는 효과음 같았다.

수도원 입구에 있는 기프트 숍Gift Shop에서는 도서와 의류, 성물 등의 다양한 기념품들과 수도원에서 직접 만든 잼을 구매할 수 있다. 수도원의 고즈넉한 운치와 속까지 시원해지는 맥주의 알싸함이 묘하게 어울리는 순간이었다.

Chapter 3

보스턴 다운타운과 근교 산책

보스턴 미술관의 기억

고대와 현대가 공존하는 보스턴 미술관

보스턴 미술관Boston Museum of Fine Arts은 1870년 보스턴 시내 코플리 스퀘어Copley Square에 설립되었다. 이후 1907년에 미국 건축가 가이 로웰에 의해 헌팅턴 애비뉴에 세워졌다. 1981년에 증축을 했는데, 루브르 박물관의 유리 피라미드를 설계한 이오 밍 페이가 서쪽 윙을, 아래 사진의 유리박스 공간은 영국의 건축가 노먼 포스터가 맡았다.

보스턴 미술관의 1층은 고대와 현대가 공존한다. 고대 이집트의 조각상들, 파블로 피카소, 잭슨 폴락, 빈센트 반 고흐의 작품들이 어우러져 있다. 2층 유럽 회화관에서는 엘 그레코, 마네, 모네, 세잔, 고갱 등의 작품들을 볼 수 있다.

이중원의 저서 《건축으로 본 보스턴 이야기》에는 노먼 포스터의 증축동에 대한 감상이 기록되어 있다. 십분 공감이 가는 내용이라 몇 줄 소개한다.

"포스터의 증축동 디자인은 두 마당 공간을 유리 박스로 덮는 것에서 시작된다. 길었던 박물관 내부 동선이 짧아졌고, 지루했던 전시공간의 연속이 새로운 투명공간의 삽입으로 활력을 얻기 시작했다. 돌집에 유리집을 끼워서 과거와 현재를 세련되게 연결했고, 결과적으로 내부에 방향감각이 생겼다. 포스터의 디자인을 통해 기존의 돌집에 의해 닫혀 있던 박물관이 유리 박스로 열리게 되었다. 그가 새롭게 제안한 투명한 유리 박스는 작품이 직접광에 노출되는 것을 슬기롭게 피하면서, 펜웨이 공원의 아름다움이 내부로 들어올 수 있도록 했다. 멀리 한눈에 보이는 도심 스카이라인이 협소증과 피곤증도 단숨에 날려버렸다."

이중원, 《건축으로 본 보스턴 이야기》, 159p, 성균관대출판부

보스턴 미술관은 한 번의 관람으로는 부족하다. 나 역시 한 번으로 부족해서 어느 일요일 다시 한 번 미술관을 찾았다. 고갱과 고흐 작품 중에서 지난번 찾지 못했던 작품들과 미국 작가들의 작품들을 눈여겨보고 왔다. 그날 큰 인상을 남긴 기억들을 간략히 소개한다.

새뮤얼 애덤스와 폴 리비어의 초상

먼저 1738년 보스턴에서 태어난 존 싱글턴 코플리John Singleton Copley다. 그는 십대에 이미 초상화가로 이름을 알린 화가로, 보스턴에 그의 이름을 딴 코플리 광장이 있을 만큼 유명하다. 보스턴 미술관에는 런던 시장을 역임한 브룩 왓슨이 14세 소년이었던 1749년에 상어의 공격에 다리를 잃은 사건을 다룬 그림인 〈왓슨과 상어Watson and the Shark〉를 비롯해 〈새뮤얼 애덤스의 초상〉, 〈폴 리비어의 초상〉 등 그의 작품이 100여 점 이상 보관되어 있다.

폴 리비어 초상화의 경우 코플리가 1768년에 그린 젊었을 때의 초상화와 길버트 스튜어트Gibert Stuart가 1813년에 그린 초상화가 전시되어 있다. 그의 아내 레이첼 리비어Mrs. Rachel Revere의 초상화도 나란히 전시되어 있다. 미국 독립에 큰 공헌을 세운 폴 리비어에 관한 유적을 여러 번 봐서 그런지 친근하게 느껴졌다.

존 싱어 사전트의 그림

다음 기억은 존 싱어 사전트John Singer Sargent이다. 사전트는 초기 인상주의 화가로서 부유한 상류층의 인물화를 주로 그리며 초상화가로 명성을 얻었다. 보스턴 미술관 2층에는 그의 작품들이 여럿

1 〈왓슨과 상어〉
2 〈새뮤얼 애덤스의 초상〉
3 〈폴 리비어의 초상〉
4 〈노년의 폴 리비어와 그의 아내 레이첼
  리비어의 초상화〉

전시되어 있다. 참고로 그의 자화상은 우피치 미술관에 보관되어 있다고 한다.

2층에 들어서면 정면으로 보이는 작품이 〈에드워드 달리 보이트의 딸들The Daughters of Edward Darley Boit〉(1882)이다. 그림에 등장하는 두 개의 꽃병을 실제로 세워두고, 그 사이에 그림을 전시하고 있다. 사전트에게 유명세를 안겨준 작품으로, 등장인물들 저마다의 개성을 잘 살렸다는 평가를 받는다.

이런 생생한 그림이 남아 있어 미국 초창기 역사가 배경인 영화나 드라마에 큰 도움이 된다는 생각을 했다. 사진이 발명되기 전에 이토록 사실적인 그림이 있었다는 것이 새삼 놀라웠다.

미국 독립전쟁의 영웅

보스턴 미술관 미국 전시실에서 가장 보고 싶었던 작품을 만났다. 토머스 설리Thomas Sully의 〈델라웨어의 통로The Passage of the Delarware〉이다. 이 작품은 1776년 미국의 독립전쟁 당시 조지 워싱턴 장군이 영국군을 공격하기 위해 델라웨어강을 건너며 뉴저지로 진격하는 모습을 그린 작품이다.

미국 전시관에서는 프랑스 사실주의 조각의 선구자인 장 앙투안 우동Jean-Antoine Houdon의 작품도 만날 수 있다. 미국의 3대 대통령

왼쪽 〈에드워드 달리 보이트의 딸들〉, 오른쪽 〈델라웨어의 통로〉

토머스 제퍼슨Thomas Jefferson의 흉상은 그의 명성을 보여주는 작품
이다. 장 앙투안 우동은 정치가, 문인 등의 초상을 많이 조각한 것으
로 유명하다. 미국 독립전쟁의 영웅들을 만날 수 있는 뜻깊은 시간
이었다.

난 어디로 가고 있는가

　보스턴 미술관에서 받은 인상적인 기억은 이제 고갱으로 이어진
다. 나는 고갱의 걸작인 〈우리는 어디서 왔고, 무엇이며, 어디로 가
는가Where Do We Come From? What Are We? Where Are We Going〉를 찾아 한
참을 헤맸다. 헤매던 중 2층 세잔과 고흐의 작품들 근처에서 발견했

〈우리는 어디서 왔고, 무엇이며, 어디로 가는가?〉

다. 반가움 속에 이런 생각이 찾아왔다.

'난 어디로 가고 있는 건지….'

마지막 기억은 고흐의 작품이다. 〈감자 먹는 사람들〉, 〈해바라기〉, 〈아몬드 꽃〉, 〈씨 뿌리는 사람〉과 같은 빈센트 반 고흐의 위대한 작품들 상당수는 암스테르담 빈센트 반 고흐 미술관에 전시되어 있다. 보스턴 미술관에서는 고흐의 작품 일부를 소장하고 있지만, 고흐의 숨결을 느끼기에는 부족함이 없다.

보스턴 미술관의 고흐 작품 중 가장 유명한 작품은 아마도 〈조셉 룰랭의 초상〉이 아닐까 싶다. 조셉 룰랭은 고흐에게 그림 모델이 되어준 몇 안 되는 이웃이며, 외로운 고흐에게 따뜻함을 주었던 친구이다.

〈조셉 룰랭의 초상〉

보스턴 미술관 관람은 아내와 함께했는데, 어떤 작품은 나란히 한참 들여다보기도 하고, 때론 각자의 취향에 따라 특정한 작품에 집중하는 경우도 있었다. 서로 어떤 점을 느꼈는지 이야기를 나누기에는 너무 유명한 작품이 많아서 작품을 찾아다니는 것조차 버거웠다. 언젠가 찍어놓은 사진을 같이 보며 이야기를 나누어봐야겠다.

어느 한곳도 그냥 지나칠 수 없는 이사벨라 스튜어트 가드너 박물관

가족을 잃은 슬픔을 이겨내고 세운 미술관

아이들을 학교에 보낸 뒤 오전에 아내와 둘이서 이사벨라 가드너 박물관Isabella Stewart Gardner Museum에 갔다. 오픈 시간에 맞춰 들어갔더니 많이 붐비지 않아 여유로운 시간을 보낼 수 있었다.

뉴욕 출신인 이사벨라 스튜어트 가드너는 19세에 보스턴 출신의 가드너와 결혼했다. 하지만 행복도 잠시, 두 살배기 아들이 죽는 아픔을 겪고 만다. 그녀는 어린 아들의 죽음으로 상실감과 우울증을 앓는데, 남편은 아내의 치료를 위해 유럽 여행을 계획한다. 슬픔 속에서 밟게 된 유럽, 이사벨라는 이탈리아 베니스 건축들과 르네상스 미술에 마음을 빼앗긴다.

보스턴으로 돌아온 이후 또 다른 슬픔이 이사벨라를 맞이한다. 6년 사이에 아버지와 남편이 모두 세상을 뜨게 된 것이다. 하지만 이

이사벨라 스튜어트 가드너 박물관의 중정
(25 Evans Way, Boston, MA 02115, +16175661401, Gardnermuseum.org)

사벨라는 무너지지 않았다. 아버지와 남편이 남긴 유산 모두를 쏟아 부어 미술관을 건립했다. 그것이 지금의 이사벨라 가드너 박물관이다. 박물관은 미술품과 함께 희귀 도서를 비롯 많은 역사적인 전시물들을 품고 있다.

베니스풍의 신비로운 중정

박물관 1층으로 들어서면 건물 중앙에 꽃향기로 가득한 베니스풍의 신비로운 중정과 마주친다. 중정에서 잠시 꽃향기를 만끽한 뒤 존 싱어 사전트의 〈엘할레오 El Jaleo〉를 비롯해 에드가 드가, 마네, 마티스의 작품들을 만나기를 바란다. 감상의 즐거움이 더해질 것이다. 한편 박물관에서는 예술품 훼손의 이유로 직사광선을 차단하는데, 나의 짧은 안목으로 볼 때 철제골조와 유리로 만들어진 중정의 천장은 오히려 중정을 더욱 환하고 따뜻하게 만들어주는 역할을 하는 것 같다.

이사벨라 스튜어드 가드너 박물관은 전시물만 마음을 사로잡는 것이 아니다. 이탈리아에서 어렵게 구한 기둥들, 멕시코에서 가져온 벽타일, 아름다운 복도와 계단 등 어느 한곳도 그냥 지나칠 수 없는 뮤지엄이다.

사전트의 〈엘 할레오〉는 박물관의 대표 작품 중 하나이다. 사전트는 가드너를 만나기 몇 년 전에 〈엘할레오〉를 그렸지만 그녀가 오랫동안 갈망했던

〈엘 할레오〉

그림을 확보하는 데는 30년 이상이 걸렸다. 스페인 회랑의 틈새에 있는 〈엘 할레오〉는 박물관에서 가장 먼저 볼 수 있는 작품이다.

《건축으로 본 보스턴 이야기》의 저자 이중원의 기술에 따르면, 이 작품은 스페인 춤의 절정의 순간을 포착했다고 한다. 춤추는 여자의 넘어지려는 자세와 치마를 꽉 잡은 손, 확 돌린 목과 오른손 검지의 긴장감을 통해 우리는 마지막 스텝이 바닥을 울리는 춤의 끝을 알리는 소리를 듣게 된다.

보물 같은 예술품과 유물이 전시된 방

박물관 2층에서는 초기 이탈리아 작품들과 라파엘로, 렘브란트의 작품들을 볼 수 있다. 네덜란드 방Dutch Room에 전시된 작품들 중 도난당한 작품들이 몇 있는데, 그 작품들은 아쉽게도 액자만 전시되어 있다. 그 자리를 다른 작품으로 채우지 않고 비워두는 것이 우리의 정서와는 달라 기억에 남았다.

3층에는 르네상스 시대의 화가인 파올로 베르네세Paolo Veronese의 이름을 따서 지은 베르네세 방Veronese Room, 사전트가 그린 가드너의 초상화가 있는 고딕 방Gothic Room, 티치아노의 이름을 따서 지은 티치아노 방Titian Room 등 3개의 전시실이 있다.

베르네세는 루브르 박물관에서 소장하고 있는 〈가나의 혼인잔치〉

로 유명한 이탈리아 화가이다. 풍부한 색조를 만들어낸 '색채 화가'로
평가받는다.

가드너와 주고받은 7천 통의 자필 편지들도 보관되어 있는데 알
렉상드르 뒤마, 빅토르 위고, 폴 발레리, 볼테르, 장자크 루소들의 편
지들도 함께 보관되어 있다.

미국의 박물관을 다니면서 느끼는 점은 미국의 역사에 관한 유
물과 예술품도 많지만, 유럽의 뛰어난 작품도 같이 볼 수 있다는 것
이다. 안목 있는 예술 애호가가 자신의 재산으로 모은 이 귀중한 작
품을 일반에게 흔쾌히 공개한 것에 대해 존경하는 마음과 부러움이
생겼다.

과학 박물관의 신비로움

　과학 박물관Museum of Science은 찰스 강변에 있다. 보스턴 자연사협회Boston Society of Natural History가 자연사 연구 및 교육장으로 1830년 설립한 곳이다. 개관 이후 여러 임시 전시장소를 활용하다가 제2차 세계대전 이후 찰스 강변에 '과학 공원' 부지를 매사추세츠주로부터 대여해 박물관을 건립했다. 박물관의 새 건물은 1948년부터 건설되기 시작하여 1951년 완공 및 개관했다.

　박물관 건물은 크게 블루윙Blue Wing, 그린윙Green Wing, 레드윙 Red Wing의 세 구역으로 나누어져 있다. 2010년에는 찰스 헤이든 천체관Charles Hayden Planetarium을 리모델링할 정도로 꾸준히 업그레이드 되고 있어, 한 번은 꼭 들려야 할 것이다.

　아이들마다 성향이 다르고 남녀의 차이도 적지않아 유적지나 박물관을 관람할 때면, 곤욕을 치른 경험이 있을 것이다. 물론 그런 경

과학 박물관(1 Museum Of Science Driveway, Boston, MA 02114 , +16177232500 mos.org)

우가 별로 없는 편이지만, 아들과 딸을 키우는 입장에서 당혹스러운 적이 없었다면 거짓말이다. 그런 측면에서 과학 박물관의 다양한 전시물은 마치 뷔페와 같다. 꼭 아이들과 함께 관람하기를 권한다.

펜웨이 파크에 뜬 류현진이라는 별

야구 관람과 에일 맥주 한 잔

나는 메이저리그 야구를 좋아한다. 특히 보스턴 레드삭스와 뉴욕 양키스 경기를 좋아한다. 한국에 있을 때 두 팀의 경기가 있으면 찾아서 볼 정도였다. 두 팀은 라이벌이다. 나는 보스턴으로 떠나기 전 라이벌들의 경기를 무조건 직관해야겠다는 굳은 의지를 품었다.

나는 2021년 4월과 5월에 화이자 백신을 접종했다. 그리고 다음 달은 2021년 6월 26일 드디어 펜웨이 파크에 발을 디뎠다. 한창 백신접종이 이루어지고 있었던 시기였지만 펜웨이 파크의 대부분 사람들은 마스크를 착용하지 않고 있었다. 그래도 코로나에 대한 불안함이 경기에 대한 기대감을 이길 수 없었다.

펜웨이 파크에서 뉴욕 양키스와의 관람 요금은 다른 팀과의 경기에 비해서 높게 책정이 되는 것 같았다. 아무래도 인기가 있는 경

2021년 6월 26일 펜웨이 파크에서 맞붙은 보스턴 레드삭스와 뉴욕 양키스

기이다 보니 관람 요금을 더 받는 모양이었다. 가격이 비싸도 다른 팀과의 경기에 비해 입장권 예약이 빨리 마감된다.

펜웨이 파크에 입장할 때는 가지고 들어갈 수 있는 가방의 사이즈나 품목들을 확인하고 가는 편이 낫다. 백팩이나 큰 가방의 경우 갖고 들어갈 수 없어서 근처에 가방을 보관하는 장소에 비용을 지불하고 맡겨야 한다.

펜웨이 파크에서는 8회 말이면 닐 다이아몬드의 〈스위트 캐롤라

야구 관람은 에일 맥주 한 잔을 곁들이면 더욱 즐겁다.

인〈Sweet Caroline〉이 언제나 울려 퍼진다. 관중들의 떼창을 하는 순간이다. 2013년에는 보스턴 레드삭스의 팬인 닐 다이아몬드가 펜웨이 파크에서 〈스위트 캐롤라인〉을 직접 부르기도 했다.

나는 어린 시절부터 부산의 사직야구장에서 롯데자이언츠의 야구 경기를 보며 자랐다. 롯데자이언츠의 성적과는 상관없이 롯데자이언츠 야구단을 응원하는 팬인데, 보스턴 레드삭스의 팬들이 닐 다이아몬드의 〈스위트 캐롤라인〉을 떼창하는 모습에 사직야구장의 〈부산갈매기〉가 떠올랐다. 아울러 펜웨이 파크에서는 파도타기 응원도 벌어졌는데, 원정 팬 좌석에서 파도가 끊기는 모습에 사직야구장의 파도타기 응원이 생각났다. 사직야구장은 롯데 팬 일색이라 파도가 몇 바퀴나 연속으로 돈다. 아무튼 펜웨이 파크에서의 떼창

2021년 7월 30일 펜웨이 파크에 류현진 선수가 등판했던 경기 장면

과 파도타기 응원은 사직야구장의 추억을 되살려주어 너무나 행복
했다.

그날 경기에서 보스턴 레드삭스는 뉴욕 양키스에 5대 3으로 승
리했다. 이긴 경기라 즐거웠고, 함께 온 아이들도 야외에서 큰 소리
로 응원하며 스트레스를 푸는 것이 즐거워 보였다. 보스턴에서 아이
들과 기억할 만한 추억을 만들어서 더욱 좋았던 시간이었다.

　내가 보스턴에 있는 동안 류현진 선수가 두 번 펜웨이 파크에 등판했다. 첫 번째 등판 경기는 2021년 4월이었다. 류현진 선수가 원래 예정된 등판일정보다 당겨져서 출전하는 바람에 관람의 기회를 놓쳤다. 그때의 아쉬움은 지금도 생생하게 남아 있다.

　두 번째 등판 경기는 2021년 7월 30일이었다. 이번에는 등판일정에 변경이 없었다. 뉴욕 양키스와의 경기에 비해 관객 숫자가 적어서 나는 출입구에서 훨씬 편하게 입장을 했다. 2층에 자리를 잡고 류현진 선수를 응원했다. 나의 버킷리스트를 달성하는 순간이어서 너무나 뿌듯했다.

　류현진 선수는 역시 잘했다. 피칭을 직접 보니 훨씬 더 타자들에게 까다로운 피칭이었다. 보스턴 레드삭스의 타자들이 류현진 선수의 공을 제대로 중심에 맞추지 못하고 공을 따라가는 느낌이 들 정도였다. 오랜만에 외국에서 한국인으로서 자부심을 느끼는 순간이었다.

아놀드 수목원으로 떠난 주말 나들이

하버드 대학교의 아놀드 수목원The Arnold Arboretum of Harvard University은 행콕 빌리지와 자메이카 호수에서 멀지 않은 곳에 있다. 식물 연구 기관이자 무료 공공 공원으로, 1872년에 설립된 북미에서 가장 오래된 공공 수목원이다.

서울에서도 벚꽃이 만개하는 4월이면 여의도 윤중로와 석촌호수 등으로 벚꽃 구경을 갔듯이 몇 번의 폭설과 쌀쌀한 추위가 지나가고 찾아온 2021년 보스턴의 봄에 우리는 상춘객의 마음으로 수목원 나들이에 나섰다. 간단한 도시락이 짐의 전부였다. 팬데믹으로 자유롭지 못한 상황에서 봄을 맞이한 기쁨을 조금이나 만끽하기 위한 외출이라 가벼운 차림으로 나선 것이다.

아놀드 수목원은 꽃과 나무, 연못 등이 인위적으로 조성된 모습이 아닌 자연 그대로의 느낌이었다. 주말을 상쾌하고 편안하게 보내기에 아주 제격이었다. 아놀드 수목원은 다양한 식물뿐만 아니라 도

서관과 기록 보관소까지 갖추고 있어 하버드 대학교의 연구소와 전
세계 학자들의 연구를 지원한다.

　오랜만의 외출을 즐거워하는 아내와 아이들을 보면서 나도 마음
이 흐뭇해졌다. 물론 학술연구라는 명목으로 접근을 차단하기보다
는 공공에 개방해 봄날을 마음껏 즐길 수 있게 해준 하버드 대학교
의 아량에 감사하면서 말이다.

보딩 스쿨과 대학교 탐방

인맥을 쌓는 보딩 스쿨

많은 보딩 스쿨^{기숙학교} 중에서 아들과 함께 필립스 아카데미 앤도
버^{Phillips Academy Andover}와 콩코드 아카데미^{Concord Academy}에 잠시
다녀왔다. 지인분들 자녀들이 각각 다니고 있는 학교들이라 방문했
는데, 유서 깊은 학교의 정취를 느낄 수 있었다. 우리는 대입을 가장
중요하게 생각하지만 미국을 이끄는 엘리트들은 보딩 스쿨에서부터
인맥을 쌓기 때문에, 주목해서 둘러보지 않을 수 없었다.

사실 미국에 올 때 아이들의 교육이 가장 큰 고민 중 하나였다.
다행히 보스턴은 공립학교가 잘 되어 있어 함께 오기로 결정할 수
있었다. 그런데 이 학교들을 다니는 아이들을 보니 앞으로 우리 아
이들의 교육을 어떻게 해야 할지 조금 더 숙고하는 계기가 되었다.

세계적인 명문 하버드 대학교

하버드 대학교에도 다녀왔다. 하버드 대학교는 1636년에 매사추세츠베이 지역 식민지 총회 결의로 설립되었다. 영국의 캠브리지 대학교의 도움을 받고자 설립 부지를 캠브리지로 개명했다. 1638년 찰스타운의 목사이자 문학애호가인 존 하버드John Harvard가 단과대학과 도서관 설립에 쓰라며 재산의 절반인 1,700파운드를 기증했고, 도서관에 260권의 서적도 기증했다.

하버드 대학교는 1780년에 매사추세츠주 헌법에 의해 종합대학으로 인정되었다. 1782년과 1816년에 의과대학과 신학대학이 설립되었고,1817년에 로스쿨이 설립되었다. 하버드 대학교의 역사에서 가장 위대한 총장으로 꼽히는 찰스 엘리엇 총장은 1869년 취임해 40년을 재임하면서 하버드 대학을 크게 변화시키고 발전시켰다.(앙드레 모루아,《미국사》, 김영사, 2017 / 김화진,《스탠퍼드가 하버드에 간 이유》, 서울대학교출판문화원, 2018 참조)

존 하버드 동상은 워싱턴에 있는 링컨 대통령의 상을 조각한 대니얼 프렌치의 작품인데, 프렌치는 하버드의 한 학생을 모델로 했다고 한다. 하버드 대학교 도서관은 미국 연방의회 도서관을 제외하면 세계에서 가장 큰 도서관이고 중앙도서관은 하버드 야드 옆에 있는 와이드너 도서관이다. 1915년에 개관을 했다. 1912년에 타이타닉호 사고로 사망한 졸업생 해리 와이드너를 기리는 뜻에서 이름을 붙였

위쪽 **필립스 아카데미 앤도버,** 아래쪽 **콩코드 아카데미**

위쪽_ 존 하버드 동상, 오른쪽_ 와이드너 도서관, 아래쪽_ MIT 킬리언 코트

는데, 그의 어머니 엘리노어 와이드너가 지금 가치로 약 6천만 달러를 기부했다.

　하버드의 교정에는 하버드 역사와 함께한 큰 나무들이 캠퍼스 곳곳을 지키고 있다. 넓게 펼쳐진 잔디와 어우러져 포근한 느낌을 준다. 하버드 로스쿨의 나무와 잔디도 그런 느낌을 자아낸다. 어렸을 때 본 《하버드의 공부벌레들》이란 책도 떠오르며, 나의 대학 시

보스턴 칼리지

절이 문득 생각났다.

    고색창연한 대학 교정을 둘러보면서 아이들의 생각이 궁금해졌다. 그저 옛스러운 건물이 감탄스러울지, 아니면 오랜만에 야외에 나와 노는 것이 좋을지, 나중에 이 학교에 꼭 와야겠다는 기특한 결심을 했을지 말이다. 물론 나는 어느 것도 강요하고 싶지 않다.

    이 외에도 MIT, 보스턴 칼리지Boston College, 보스턴 대학교Bos-

하버드 로스쿨 앞에서

고색창연한 대학 교정을 둘러보면서 아이들의 생각이 궁금해졌다.

그저 옛스러운 건물이 감탄스러울지,

아니면 오랜만에 야외에 나와 노는 것이 좋을지,

나중에 이 학교에 꼭 와야겠다는 기특한 결심을 했을지 말이다.

물론 나는 어느 것도 강요하고 싶지 않다.

ton University, 밥슨 칼리지도 둘러보았다. 말 그대로 아이비리그 순방인 셈이다. 단순히 명문 대학이라서가 아니라 세상을 움직이는 지식이 사출되는 근원이라는 점에서 흥미로웠다.

고색창연한 브라운 대학교

브라운 대학교Brown University를 소개한다. 1764년 미국에서 12번째로 세워진 브라운 대학교는 미국 건국 전에 인가받은 9개의 중 하나이다. 미국에서 가장 작은 로드아일랜드주의 주도인 프로비던스Providence라는 도시에 자리 잡고 있다. 독립전쟁 전, 침례교 계통 남자대학으로 개교했는데, 1804년 거액을 기부한 니콜라스 브라운Nicholas Brown의 이름을 따서 브라운 대학교로 학교명을 바꾸었다.

어느 날, 점심으로 먹을 샌드위치와 간단한 간식을 챙겨 뉴턴에서 차량으로 40분 정도 운전해서 프로비던스의 브라운 대학을 찾아갔다. 가을 학기가 시작되기 전 8월이라 캠퍼스 안에는 학생들이 많지 않았다. 덕분에 한적한 캠퍼스를 여유롭게 둘러볼 수 있었다.

점심식사용으로 준비해 간 샌드위치와 간식은 브라운 대학에서 멀지 않은 인디아 포인트 공원India Point Park에서 바다 전망을 즐기며 먹었다. 인디아 포인트는 프로비던스의 첫 번째 항구였다. 그곳에 자리한 공원은 푸른 잔디를 밟으며 산책하기에 안성맞춤이다.

파운스 하우스 Faunce House
(Waterman St, Providence, RI 02912, +14018631000, Brown.edu)
인디아 포인트 공원

카약을 타고 찰스강을 누비다

찰스강에서는 카누와 카약을 탈 수 있다. 아래 언급한 홈페이지에서 배를 빌릴 수 있는 곳을 안내한다. 모두 7곳이다. 나와 아내는 뉴턴과 캠브리지 2곳에서 2인용 카약을 렌탈한 적이 있다. 두 번 모두 시원한 강바람을 실컷 즐겼다. 아무래도 연구자다 보니 책상물림이라는 오해를 하기 쉬운데, 우리 부부는 액티비티를 제법 즐기는 편이다.

카약을 처음 탔을 때는 초반 10분 정도는 방향성을 잃고 강 구석으로 흘러가기도 했다. 시간이 흘러 요령을 터득하고 나서는 여유를 찾고 마음먹은 곳으로 카약을 움직였다. 어쩌면 인생의 행로도 비슷하지 않을까?

CANOE, KAYAK & PADDLEBOARD RENTALS
https://paddleboston.com/

카약을 타고 유유히 찰스강을 누비던 중 강 건너편으로 멋진 건물이 보였다. 메리어트 호텔, 우리 가족이 보스턴에 도착한 날 처음으로 숙박을 했던 호텔이다. 강에서 만나니 괜히 반가움이 더했다.

캠브리지 켄달 스퀘어에서 카약을 빌려 두 번째로 찰스강을 누비던 날, 우리는 하버드 다리Harvard Bridge와와 롱펠로우 다리Longfellow Bridge 사이에서 MIT 캠퍼스에서 백베이Back Bay 방향으로 강을 건너기도 했다. 내가 조깅하면서 보던 풍경과 카약을 타고 보는 풍경은 서로 비교할 수 없는 다른 매력이 있었다.

두 시간이면 족한 스펙타클섬

보스턴 하버 시티 크루즈Boston Harbor City Cruises를 타고 고래를 구경할까, 항구에서 가까운 스펙타클Spectacle Island섬을 구경할까 고민하다가 우리는 후자를 선택했다. 그리고 일정을 짠 뒤 집을 나섰다.

우드랜드 스테이션 아파트에서 지하철을 타고 가버먼트 센터Government Center 역에서 내렸다. 걸어서 보스턴 시청을 지나쳤다. 맛있는 브런치를 먹고 유람선을 탈 계획이었다. 우리는 노스 엔드North End 지역에 있는 테오스 코지 코너Theo's Cozy Corner Restaurant로 가서 팬케이크와 오믈렛을 먹었다. 배를 톡톡 튀기며 스펙타클섬으로 출발!

보스턴 하버에서 페리를 타고 30분 정도 가면 스펙타클섬에서 도착한다. 항구를 출발해서 바다로 향하면 도심의 다운타운 빌딩들이 한눈에 들어온다.

스펙터클섬에 도착해서 섬 한 바퀴를 돌아보는 데 30분 정도의 시간이면 충분하다. 우리가 섬을 찾은 때는 8월이라 날씨가 더웠다. 그래서 바닷가 앞 시원한 그늘 벤치에 앉아 아이스크림을 먹고 책도 읽고 음악도 들으며 여유롭게 보냈다. 페리를 타고 온 사람들 중 일부는 바다에서 수영을 하기도 했다. 스펙타클섬에서는 11시 30분, 13시 30분, 15시 30분 그리고 17시 30분에 마지막으로 다운타운행 페리를 탈 수 있다. 2시간 정도면 스펙타클섬을 충분히 즐길 수 있는 시간인 것 같다.

귀국을 코앞에 둔 시점이고 더위에 지쳐 여러모로 복잡했던 마음을 상쾌하게 풀 수 있었다.

뉴햄프셔의 단풍이 가슴을 물들이다

뉴잉글랜드의 단풍 명소

뉴잉글랜드의 아름다운 단풍을 그냥 보낼 수 없어서 피크닉을 다녀왔다. 뉴햄프셔의 칸카마구스 고속도로Kancamagus Highway 112번! 붉게 물든 단풍이 이어지는 이 길은 정말 멋진 풍경을 안겨주었다. 보스턴에서 출발해서 2시간 정도 뉴햄프셔 쪽으로 달리는 동안 붉은 물결은 동반자처럼 줄곧 이어졌다. 112번 도로를 따라 34.5마일의 경치는 미국에서 최고의 단풍 전망 지역 중 하나로 잘 알려져 있다.

인생 최고의 드라이빙이었다. 누구든 최고의 드라이빙을 즐길 수 있는 길이라고 생각된다. 가을은 남자의 계절이라는데, 이런 즐거움을 놓칠 수는 없지 않은가.

초코루아 호수 전망대Conservancy
(Chocorua Mountain Hwy, Chocorua, NH 03817)

초코루아 호수와 워싱턴산 산악열차

　근처에 있는 초코루아 호수Chocorua Lake도 한번 들러보기를 권한다. 뉴햄프셔의 112번 도로를 달려 보스턴으로 다시 돌아오는 여정에 볼 수 있는 곳으로 잔잔한 호수의 물결과 아름답게 물든 단풍이 어우려져 한폭의 그림과 같은 장면을 마주할 수 있다.

　　뉴햄프셔에는 단풍을 즐길 수 있는 곳이 또 하나 있다. 바로 워싱

턴산 Mount Washington 이다. 워싱턴산은 미국 북동부에서 가장 높은

산으로, 정상은 해발 6,288ft(1,917m)에 달한다.

워싱턴산에는 정상까지 오르는 산악열차가 있다. 1869년 개통한 세계최초의 톱니바퀴 철길Cog Railway 위로 증기기관차와 바이오디젤기관차가 달린다. 정상까지 올라가는 데 40분 정도 소요된다. 나도 이 열차를 타고 정상에 올랐다. 단풍이 붉게 물든 가을에 올랐으면 하는 아쉬움이 있었지만, 꼭 한번 타고 싶었던 톱니바퀴 철길의 열차를 탄 것만으로도 만족스러웠다. 한여름이었지만 산정상의 바람은 시원했다. 그 시원함도 여전히 여운이 남는다.

케이프코드로 떠난 봄방학 여행

아이들과 함께 떠난 봄방학 여행

    학교가 봄방학에 들어섰다. 봄방학을 맞아 아이들과 케이프코드의 존 F. 케네디 기념 공원John F. Kennedy Memorial Park을 다녀왔다. 그곳에서 한국전쟁과 마주하게 되었다. 한국전쟁참전 동상과 전사한 분들의 이름이 붉은 벽돌에 새겨져 있었다. 나는 벽돌에 이름으로 남은 그분들을 기억하기로 했다.

    케이프코드만 안쪽에 따뜻하고 조용한 해변이 있다. 그 이름은 바로 그레이스 비치! 바다를 향해 뻗어 있는 보드워크와 해질녘 아름다운 석양을 감상할 수 있는 해변으로 가장 와 보고 싶었던 곳이었다.

미국의 땅끝마을 프로빈스타운

프로빈스타운 코즈웨이Provincetown Causeway는 케이프코드의 끝자락에 자리하고 있다. 더 이상 나아갈 수 없는 육지의 끝, 땅끝마을이다. 이곳에 오면 방파제 하이킹을 꼭 해보길 추천한다. 자연을 느끼며 걸으면 저절로 힐링이 된다.

프로빈스타운은 메이플라워호를 타고 온 102명의 순례자가 1620년 11월 11일 처음 발을 디딘 곳이다. 이후 순례자들은 한 달을 더 표류하다 12월 21일 플리머스에 도착했다.

순례자 기념탑Pilgrim Monument은 시어도어 루즈벨트 대통령Theodore Roosevelt이 1907년에 초석을 놓았고, 1910년 윌리엄 하워드 태프트 대통령William Howard Taft이 완공된 252ft 높이의 탑을 봉헌했다고 나와 있다.

'CAPE COD'라는 이름의 감자칩이 있다. 식감이 바삭하고 맛있는데, 기름도 묻지 않는다. 이 감자칩은 하이애니스에서 탄생했다고 한다. 현재 제조공장도 하이애니스에 있다. 감자칩 포장지에 눈길을 끄는 그림이 있다. 바로 너셋 등대Nauset Lighthouse이다. 이 등대는 1838년부터 지금까지 한자리에서 바다를 밝

히고 있다. 감자칩이 당긴다면 CAPE COD를 사자. 감자칩도 먹고 그림 감상도 하니, 그야말로 일석이조다.

캐네디 대통령의 자취를 따라

우리는 봄방학 여행 마지막 일정을 존 F. 케네디 하이애니스 박 물관John F.Kennedy Hyannis Museu으로 정했다. 미국의 35대 대통령 존 F. 케네디와 법무장관과 뉴욕주 상원의원을 거친 그의 동생 로버트 F. 케네디의 흔적이 남아 있는 곳, 케네디가의 자취를 밟아볼 수 있 는 곳이다.

케네디 대통령이 가족과 친구들과 많은 여름을 즐겼던 케이프코 드는 그가 세상의 무게를 견디면서도 편안히 쉴 수 있는 유일한 장 소였다. 미국인들에게 사랑받는 대통령과 그의 가족의 추억이 담겨 있는 장소를 걸으니 감회가 새로웠다.

아이들과 함께 떠난 케이프코드로 떠난 봄방학 여행.
케이프코드의 존 F. 케네디 기념 공원을 다녀왔다.
거기에서 한국전쟁참전 동상과 전사한 분들의 이름이
붉은 벽돌에 새겨져 있는 것을 보았다.
나는 벽돌에 이름으로 남은 그분들을 기억하기로 했다.
방학의 마지막 일정을 케네디 대통령의 자취를 따라가 본
여행은 미국인들에게 사랑받는 인물의 추억을
함께 했고 그들의 역사를 다시 생각하게 했다.
아이들은 어떤 생각을 하고 있을까?

뉴포트의 멋진 풍경들

로드아일랜드주 뉴포트Newport는 대표적인 휴양도시다. 벤더빌트 가문의 대저택 브레이커스The Breakers, 마블하우스Marble house로 유명하다. 또한 에드워드 줄리우스 버윈드 부부Mr. and Mrs. Edward Julius Berwind의 별장인 더 엘름The Elm을 비롯해서 녹색 동물 장식 정원Green Animals Topiary Garden 등 역사적인 최고의 건축 유산들을 보존하고 있다. 뉴포트 카운티 보존 협회Preservation Society of Newport County의 홈페이지newportmansions.org에서 운영 시간과 요금 등에 대해 자세히 소개하고 있다.

벤더빌트 가문의 대저택 브레이커스

2020년 가을 이후 팬데믹으로 뉴포트의 맨션들은 대부분 문을

닫았다. 2021년 봄이 되어서야 백신접종 증가에 따라 하나둘 문을
열기 시작했다. 우리는 그때를 놓칠 수 없었다. 어느 토요일 아침 일
찍 집을 나와 차량으로 1시간 30분 정도 운전해서 밴더빌트 별장인
브레이커스로 갔다. 역시 잘 왔다는 생각이 들었다. 밴더빌트는 해
운업과 철도 산업으로 부를 쌓은 미국의 기업인이다. 남북전쟁 때
자기 소유의 여객선을 해군에 기부해 북부군의 승리를 돕기도 했다.

  브레이커스는 뉴포트의 여름 별장 중 가장 웅장하고, 황금 시대
에 밴더빌트 가문의 사회적, 재정적 위세를 나타내는 상징과 같은
건물이다. 미국에서 가장 부유한 사람 중 한 명인 코넬이우스 밴더

빌트Cornelius Vanderbilt 2세에 의해 지어진 브레이커스는 고전적인
이탈리아 궁전 디자인, 미국과 유럽의 최고의 장인정신, 바다의 전
망, 그리고 현대적인 기술이 어우러져 호화로운 생활과 여가를 위한
이상적인 공간이었다.

　원래 있었던 목조건물이 화재로 소실되자 1893년부터 1895년까
지 선도적인 건축가 리처드 모리스 헌트에게 강철, 벽돌, 석회암의
새로운 구조를 설계하도록 의뢰했다. 오스트리아계 미국인 조각가
칼 비터는 부조 조각품을 디자인했으며, 보스턴의 건축가 오그든 코
드먼은 가족의 숙소를 장식했다. 이 저택은 13에이커의 부지의 거의

1에이커를 차지하고 있으며, 가족과 직원들을 위한 48개의 침실을 포함해 70개의 방과 27개의 벽난로가 있다.

1948년, 코넬리우스와 앨리스 밴더빌트의 딸인 세체니 백작부인은 뉴포트 카운티의 초기 보존 협회가 대중에게 1층 투어를 제공하는 것을 허락했다. 그 후 1972년에 보존 협회는 그녀의 상속자들로부터 집과 재산을 구입했다. 결국 1994년 국립역사기념물로 지정되었다. 우리도 근대문화유산으로 지정되어 보존되는 건물들이 늘고 있는데, 어떻게 보존하고 시민들의 품으로 돌려줄지 참고할 만하다.

녹색 동물 장식 정원

녹색 동물 장식 정원은 로드아일랜드 뉴포트에서 꼭 가봐야 할 곳 중 하나다. 나 역시 이곳에 가보고 싶었다. 녹색 식물로 꾸민 동물 장식이 웃음과 감탄을 자아낸다. 녹색 동물 장식 정원은 토마스 E. 브레이튼이라는 사람이 1872년 마련한 부지에 건물 관리인이자 정원사였던 사람이 오랜 기간에 걸쳐 꾸민 곳이다. 미국에서 가장 오래된 장식용 정원이라고 한다. 이곳은 바람부는 시원한 날에 오면 더 좋을 것 같다. 방문한다면 여유를 누리며 마음에 드는 녹색 동물 장식 정원을 찾아보기 바란다.

동물 모양과 기하학적인 디자인의 다양한 장식물 외에도 녹색 동물 장식 정원에는 봄, 여름, 가을 내내 화려하게 피는 꽃구근, 다년생 식물, 일년생 식물, 관목들이 눈에 띄게 늘어선 곳이기도 하다. 2019년 미국 수선화 협회에 의해 미국에서 28개의 공식 수선화 디스플레이 정원 중 하나로 인정받았을 정도로 명성이 높다. 사진을 찍고 피크닉을 즐기기에 더할 나위 없이 좋은 장소이다.

탱글우드와 숲속의 클래식

어느 일요일 오후, 아내와 보스턴 교향악단과 중국계 미국인 첼리스트인 요요마Yo-Yo Ma의 연주를 듣기 위해 2시간 정도 운전해서 탱글우드Tanglewood에 갔다. 보스턴 교향악단Boston Symphony Orchestra은 1937년 이후 탱글우드에서 매년 여름공연을 해왔다. 아내와 내가 감상한 이번 공연의 지휘는 카리나 카넬라키스Karina Canellakis가 맡았고, 요요마가 차이콥스키 작품을 연주했다.

실내 좌석은 일찍 매진되어 아내와 나는 잔디밭에서 대형 화면으로 연주회를 감상해야 했다. 오히려 이것이 신의 한 수가 되었다. 우리는 캠핑 의자에 앉아 샌드위치와 과자, 커피까지 곁들이며 연주회를 즐겼다. 아내와 둘만의 피크닉을 하면서 연주회까지 즐기니 더없이 행복했다. 여전히 잊을 수 없는, 보스턴이 선사한 추억의 한 장면이다.

여름에 많은 추억을 만들지 못했다면, 얼마 남지 않은 여름 추억

탱글우드
(297 West St, Lenox, MA 01240, +14136375180, Tanglewood.org)

만들기를 고민한다면 탱글우드를 권한다. 떠나자! 90번 도로를 타고 서쪽으로. 클래식의 숲을 찾아서!

내가 탱글우드의 클래식을 추천하는 이유가 있다. 〈보스톤코리아〉 한새벽 기자가 2016년 8월 15일에 게재한 글이 더 설득력이 있을 것 같아 일부를 소개한다.

> "클래식 음악과 그리 친숙하지 않아도 좋다. 탱글우드 페스티벌의 클래식엔 난 한순간에 반할 만한 매력이 있다. 가슴을 확 트이게 하는 푸르고 넓은 잔디밭에도 짙은 그늘을 만들어내는 나무숲에도 음악이 스며들어 있다. 탱글우드를 방문한 사람들은 그 뜨거운 여름의 아름다운 순간순간을 잊지 못한다. 음악과 자연과 그리고 사람들. 탱글우드는 매사추세츠 보스턴에 사는 이들이 누릴 수 있는 최고의 혜택 중의 하나다."

클래식을 좋아하는 사람도, 잘 모르는 사람도 탱글우드에서는 모두 행복한 시간을 즐길 수 있다. 음악과 자연 그리고 사람들이 아름다움 속 푹 빠져 미소를 짓기 때문이다.

캠핑족이라면 아카디아 국립공원으로

가족 캠핑을 떠나다

2021년 7월, 화이자와 모더나 백신의 광범위한 접종으로 일상으로의 복귀가 상당 부분 진행이 되었다. 한국으로 귀국하는 일정을 8월 말로 잡은 상황, 가족 여행으로 추억을 하나라도 더 쌓는 것이 좋을 것 같았다. 마침 아이들의 공식적인 학교 일정도 대부분 끝난 시기여서 우리는 여행 계획을 세웠다. 그렇게 정한 여행지는 아카디아 국립공원Acadia National Park, 우리는 그곳의 캠핑장을 예약했다.

아카디아 국립공원은 메인주에 위치한 국립공원이다. 공원은 대서양의 마운트 데저트섬Mount Desert Island과 주위의 작은 섬들의 대부분을 차지한다. 1919년 국립공원으로 설립될 당시의 이름은 라파엣 국립공원이었다. 미시시피강 동쪽의 국립공원으로는 가장 오래된 국립공원인데, 1929년에 아카디아 국립공원으로 이름을 바꾸었다. 마운트 데저트 섬을 비롯해 공원은 아일 오 홉트Isle au Haut, 베이 커섬Baker Island, 스쿠딕반도Schoodic Peninsula를 포함하고 있다. 공원의 동쪽은 캐딜락산Cadillac Mountain의 이끼로 덮여 있고, 화강암의 붉은 정상에서 미국에서 가장 먼저 일출을 볼 수 있는 곳이다. 공원의 산에서 등산은 물론 자전거를 타며 바다, 호수, 그리고 소나무 숲의 멋진 경치를 감상할 수 있다.

대서양 해변을 따라 자리 잡은 아카디아 국립공원은 빼어난 절경의 암석 해변으로 유명하다. 메인주 바 하버Bar Harbor와 가깝고, 보스턴에서 북동쪽으로 약 5시간 거리에 위치하고 있다. 우뚝 솟은 산맥과 울창한 숲이 매력적이다. 또한 아카디아 국립공원은 수리부엉이, 흰머리독수리, 말코손바닥사슴, 동부코요테를 비롯한 수많은 야생동물의 보금자리이기도 하다.

캠핑 초보의 도전과 포틀랜드 등대

많은 호텔들이 바 하버에 있는데, 숙박 비용이 꽤 비싼 편이다. 우리가 캠핑을 결정한 데에는 비싼 숙박 비용도 영향을 미쳤다. 또한 보스턴의 MGHMassachusetts General Hospital로 연수를 오신 고려대 교수님께서 가족들과 함께 아카디아 국립공원으로 캠핑을 가신다는 말씀에 캠핑 초보인 우리 가족도 같이 따라나서기로 한 것이다.

포틀랜드 등대
(12 Captain Strout Cir, Cape Elizabeth, ME 04107, +12077992661. Portlandhead-light.com)

우리는 아카디아 국립공원의 캠핑 사이트 중에서 시월 캠프그라운드Seawall Campground, 블랙우즈 캠프그라운드Blackwoods Campground를 각각 1박으로 하여 2박 3일 일정으로 예약하고 캠핑 준비에 들어갔다. 캠핑장비는 〈REI〉(캠핑장비를 포함하여 의류, 신발 등 판매)에서 텐트를 포함하여 기본 장비들을 렌탈했고, 캠핑용품 리스트를 만들어서 추가적으로 필요한 것들은 REI 매장에서 구매했다.

드디어 떠나는 날, 보스턴에서 출발하여 아카디아 국립공원으로 가는 도중 케이프 엘리자베스Cape Elizabeth에 있는, 미국에서 가장 오래된 등대인 포틀랜드 등대Portland Head Light에 들렀다.

1776년에 케이프 엘리자베스의 새로운 타운은 포틀랜드 헤드에 8명의 군인으로 구성된 경비병을 배치하여 시민들에게 영국의 공격이 올 것을 경고했다. 1787년에는 매사추세츠주 의회(매사추세츠 입법부)가 등대 건설을 시작하기 위해 750달러를 제공했다. 1790년에 미국 정부가 등대에 관한 모든 책임을 지고 의회는 완공을 위해 1,500 달러를 제공했다. 그런 사연 끝에 만들어진 등대는 1791년 1월 10일 16개의 고래 기름 램프로 처음 불을 밝혔다.

등대는 보는 것만으로도 마음을 뭉클하게 하는 측면이 있다. 곧 한국으로 돌아갈 것을 생각하며, 나도 우리 가족의 앞길을 비추는 존재가 되어야겠다는 결심을 했다.

시월 캠프그라운드

캠핑 첫째 날 시월 캠프그라운드에 도착했다. 집에서 출발할 때부터 비가 계속 내려 캠핑을 할 수 있을지 걱정이 되었다. 하지만 다행스럽게도 도착한 날 오후 늦게 비가 그쳐서 즐겁고 안전한 캠핑을 보낼 수 있었다. 몇 번의 캠핑 경험이 있는 고대 교수님께서 텐트 설치를 처음부터 도와주신 것도 정말 감사했다. 타지에서 우리나라 사람의 도움을 받으니, 고마운 마음과 동시에 나도 다른 사람의 어려움을 지나치지 말아야겠다는 생각이 들었다.

시월 캠프그라운드 근처에 아카디아 국립공원에서 관리하는 등대가 3개 있다. 그중 하나인 바스하버 등대에 잠시 다녀올 수 있었다. 바스하버 등대는 1858년 벽돌로 처음 지은 후 종, 타워 등을 추가하며 지금의 모습을 갖추었다.

캠핑 둘째 날 우리는 블랙우즈 캠프그라운드로 이동했다. 이곳은 캐딜락산Cadillac Mountain, 조던 호수Jordan Pond, 선더 홀Thunder Hole 등과 가까운 장점이 있다.

조던 호수는 둘레가 3마일이나 되는 큰 호수로 경치가 너무 아름답다. 시간적 여유가 있다면 호수 주변으로 트레킹을 해보는 것도 좋을 것이다.

정상까지 도로가 연결되어 있는 캐딜락산은 1,530ft 정도로 그렇게 높지는 않다. 그런데 정상에서 마주하는 대서양 바다 풍경은 아주 그만이다. 마음을 설레게 하는 멋진 경치이다.

야외에서 밤을 지새우며 우리 아이들은 어떤 생각을 했을까? 그리고 지난 1년은 어떤 의미였을까? 쉽게 잠들 수 없는 밤이었다.

Chapter 4

귀국을 준비하며

본격적인 귀국 준비

보스턴에 도착한 후 한 달 정도는 1년의 정착생활을 위한 준비에 몰두했다. 은행 계좌를 개설하고, 인터넷을 설치하고, 필요한 가구들을 구입하는 등 정신없는 시간을 보냈다. 귀국하기 한 달 전부터는 그 반대의 상황이 벌어졌다. 구매했던 생활용품과 가구들을 정리하고, 차량을 매각해야 했다. 보스턴 정착생활에 많은 도움을 주셨던 분들께 감사 인사를 드리는 일도 챙기니 시간이 정말 빠르게 흘러갔다.

나는 보스턴 도착 후에 구입한 대부분의 품목들은 구입과 동시에 포장박스와 내용물에 대해서 사진을 찍어두었다. 구입일시와 가격, 구매처 등에 대해서도 엑셀 파일로 미리 정리를 해두었는데, 덕분에 〈보스톤코리아〉의 중고거래를 통해서 유용하게 판매할 수 있었다. 보스턴으로 새롭게 유학 혹은 연수를 오는 분과 일정이 맞으면 일괄 양도하는 것이 가장 편할 것 같아서 여러 번 시도를 했으나, 일정을 조율하는 게 쉽지 않아서 개별적으로 처분을 했다.

은행 계좌의 경우 한국 들어올 때 계좌를 모두 닫고 올 것이 아니라면 한국 계좌 송금 등록을 하고 오는 것이 좋다. 송금 등록에 인증을 요구하는데, 미국 현지에서 전화번호가 있을 때 처리하는 것이 편하다. 아파트 계약 종료 후 리싱 오피스에서 인스펙션 이후 보증금을 환불해주기 때문에 보증금을 입금받기 위해서라도 계좌를 닫지 않는 것을 추천한다. 만일 송금 등록을 하지 않은 채 한국으로 돌아온다면, 가상번호를 만드는 〈TEXTNOW〉앱 등을 이용해 미국 번호를 만들어서 인증을 하고 송금을 할 수 있다.

잊을 수 없는 학교의 추억

보스턴에 살면서 감사한 일이 참 많았다. 하지만 무엇보다도 2020년 10월부터 데이 중학교와 윌리엄스 초등학교에 다닌 아들과 딸이 1년 동안 학교생활을 잘 마친 것이 가장 감사한 일이었다. 영어 실력이 부족한 아이들이 매일 등교해서 ELL수업을 하고 영어 공부를 할 수 있었더라면 조금 더 빨리 학교생활에 적응할 수도 있었겠지만, 팬데믹으로 일주일의 대부분을 온라인으로 수업하느라 초

왼쪽. 데이 중학교 무빙 세러모니Moving Ceremony
오른쪽. 윌리엄스 초등학교 무빙 세러모니

반에는 학교생활에 무척 애를 먹었다. 그럼에도 불구하고 무사히 적응해준 자녀들에게 참 감사하다.

물론 좋은 분들의 도움이 큰 힘이 되었다. 특히 윌리엄스 초등학교의 이현경 선생님은 잊을 수 없다. 그분은 둘째를 세심하게 살펴주셨고, 우리 부부에게 지속적인 피드백을 주시고 힘도 주셨다. 감사한 마음이 너무나 크다. 첫째의 경우도 ELL을 담당하는 캐서린 로보Catherine Robo 선생님의 따뜻하고 세심한 보살핌이 큰 역할을 했다. 선생님의 관심과 사랑 속에서 첫째는 자신감을 얻고 힘을 낼 수 있게 되었다.

한국으로 귀국 후 아이들의 학력 증명을 위해서 졸업증명서와 출석 및 성적증명서를 챙겼다. 그리고 그 서류들에 교장선생님의 서명을 받아두었다. 그것을 보고 있으면 가슴이 뿌듯하다. 이것을 받기까지 나와 아내에조차 말하지 못한 우여곡절이 많았으리라. 그러나 대견하게도 별 무리 없이 잘 마쳤다. 나의 아이들이 자랑스럽다.

마지막으로 본 찰스 강변의 야경

귀국하기 전 찰스 강변의 야경을 보고 싶었다. 아내와 함께 MIT 킬리언코트 앞에 주차를 하고 찰스 강변을 걸으면서 지난 1년의 시간을 돌아보았다. 아파트 입주를 위해 리싱 오피스에서 행정적인 절차들을 완료하고 출입문 키를 받고 들어왔을 때 카펫만 깔려 있고 아무것도 없었던 거실과 두 개의 방이 생각났다. 인터넷을 연결하고 침대와 조명, 식탁, TV 등을 들여놓고, H마트와 코스트코, 홀푸드 등을 다니면서 필요한 식료품을 채워 넣었다. 연수기관과 아이들 학교에 등록 절차를 진행하는 등 도착 후 2주일 동안 분주하게 보냈던 기억이 한 번에 떠올랐다.

팬데믹이라는 특수한 상황과 아이들이 멀리 오랫동안 여행하는 것을 좋아하지 않아 미국 내 많은 도시를 여행하지는 못했다. 그래도 2박 3일의 뉴욕 여행과 아카디아 국립공원에서의 캠핑, 케이프코드의 아름다운 해변에서의 물놀이, 로드아일랜드주 뉴포트와 프로비던스로의 여행은 우리 가족만의 특별한 추억을 쌓았다는 점에서 매우 소중한 시간이었다.

해외에서 체류경험이 없었던 우리 가족에게 특히 팬데믹의 혼란 속에서 보스턴에서 정착하기란 매우 도전적인 과제였다. 가족 모두 합심하여 여러 가지 어려움을 잘 풀어낸 것이 뿌듯하다. 물론 보스턴에서 만나게 된 좋은 분들의 도움이 우리 가족에게 힘을 주었다. 그분들 덕분에 안전하고 평안하게 또 의미 있게 1년의 시간을 보냈다.

혹시 해외 연수, 특히 보스턴을 계획하고 있는 분들이라면 주저하지 말고 도전하기를 권한다. 낯설지만 매력 있는 보스턴이 당신의 기대 이상의 선물을 안겨줄 것이기 때문이다.

감사 인사

　감사드려야 할 분이 너무 많다. 우선 우리 가족이 보스턴에서 1년간 생활을 할 수 있도록 지원해주신 아내가 소속된 대학과 병원에 감사를 드린다. 보스턴에서 안정적으로 생활할 수 있도록 초기에 많은 도움을 주신 목사님과 선배님에게도 감사 인사를 드리고 싶다. 메사추세츠주 내에 훌륭한 골프클럽에서 라운딩을 할 수 있도록 초대해 준 골프 동반자분들, 아카디아 국립공원의 캠핑 동반을 흔쾌히 수락해주신 고려대 교수님, 버클리 음대를 졸업하고 본인의 음악 세계를 만들어가고 있는 후배님, 데이 중학교 셔틀버스를 항상 같이 기다리면서 교류를 하게된 인도 출신의 IT 컨설턴트, 그리고 우리 가족처럼 보스턴으로 연수를 와서 같은 아파트에 거주하면서 즐거운 시간을 함께했던 가족분들 모두에게 이 지면을 빌려 감사의 마음을 전한다.

부록

보스턴의 먹거리

유메 가 아루카라Yume Ga AruKara

냉우동 맛집이다. 캠브리지의 레슬리Lesley 대학교 내에 있는 작은 가게인데, 1달러를 추가하면 면곱빼기우동을 준다! 불금의 맛난 저녁식사!

주소   1815 Massachusetts Ave, Cambridge,
      MA 02140,

카페 마미Café mami

냉우동 가게 유메 가 아루카라 옆에 자리하고 있는 카페 마미에도 맛있는 메뉴들이 많다.

주소   1815 Massachusetts Ave, Cambridge,
      MA 02140, +16175479130

판다 익스프레스Panda Express

일주일에 한 번 꼴로 갔던 곳이다. 우리 아이들이 판다
익스프레스의 탕수육, 새우, 스테이크, 볶음밥 등을 좋아
했다.

주소 166 Providence Hwy, Dedham, MA 02026,
        +17812510027

조지타운 컵케이크Georgetown Cupcake

맛있는 디저트를 먹고 싶다면 뉴베리 스트리트Newbury
Street에 있는 조지타운 컵케이크를 기억하자. 우리는
컵케이크 6개를 온라인으로 주문하고 픽업한 적이 있
다. 물론 매장에서도 직접 골라 먹는 재미를 느낄 수 있
다. 가게 창문으로 맛있는 컵케이크들이 진열되어 있으
니 골라 담기만 하면 된다. 조지타운 컵케이크는 코로나
중에도 셧다운하지 않고 운영했다. 얼마나 감사했는지!

주소 83 Newbury St, Boston, MA 02116, +16179272250

테오즈 코지 코너Theo's Cozy Corner

올드 노스 처치Old North Church 가는 길에 있다. 아내
와 둘이서 아침식사를 한 추억이 있는 곳이다.

주소 162 Salem St. Boston, MA 02113.
    +16172410202

더 코타지 웰슬리The Cottage Wellesley

더 코타지 웰슬리는 힐러리 클린턴과 미국 최초의 여성
국무장관인 매들린 올브라이트가 졸업한 웰즐리 대학과
경영, 경제 분야에서 세계 최고 수준의 대학인 밥슨 칼
리지가 있는 웰즐리 타운에 있다. 나는 이곳에서 여유로
운 일요일 오전 따뜻한 햇살 아래서 브런치와 커피 한잔
을 즐겼다.

주소 190 Linden St, Wellesley, MA 02482, +17812391100

소피아즈 그릭 팬트리Sophia's Greek Pantry

버클리음대를 졸업하고 보스턴에서 활동하고 있는 후배
가 추천해준 가게다. 가게에서 직접 제조해서 판매하는
요구르트가 진짜 맛있다.

주소 265 Belmont St, Belmont, MA 02478.
    +16174891371

사카나야Sakanaya

미국 음식이 물릴 때 한식까진 아니더라도 입맛이 땡기
는 음식이 있다. 바로 초밥이다. 초밥이 먹고 싶을 때는
사카나야에 가야 한다.

주소 232 California St, Newton, MA 02458,
      +16172540009

웰즐리 모스 호수

조깅보다는 음악 들으면서 걷기에 좋은 곳이다. 고요한 물결처럼 그곳의 시간도
고요하다.

주소 Turner Rd, Wellesley, MA 02482

오번데일 공원

찰스강이 흐르는 공원으로, 벤치에 앉아 아내와 커피 한잔을 함께했던 곳이다. 휴

일 아침 멀리 가지 않아도 조용한 휴식을 즐길 수 있는 이런 공원들이 참 많다는 게 보스턴 생활에서 가장 마음에 드는 점이었다.

주소 104 W Pine St, Auburndale, MA 02466

콜드 스프링 공원

콜드 스프링 공원은 축구, 농구장, 테니스 등을 모두 할 수 있다. 공원 주변에 조깅 코스도 잘 갖추어져 있어서 자주 이용했던 공원 중 하나이다. 특히 이른 아침 와반의 스타벅스에서 따뜻한 커피 한잔을 사들고 공원 벤치에 앉아 있노라면 새들이 지저귀는 소리가 정말 화음을 맞춰 부르는 음악소리처럼 들린다.

주소 094 Beacon St, Newton, MA 02461

보스턴에서 쇼핑하기

팬데믹의 영향으로 오프라인 매장은 일부러 잘 찾지 않았다. 그런데 〈아마존프라임〉 멤버십에 가입하면 1~2일 안에 택배 수령은 물론 반품도 자유롭게 가능하니, 굳이 오프라인 매장에 갈 이유가 없었다. 이래저래 아이들 데리고 쇼핑을 하러 갈 일이 그리 많지 않아 아이들은 서운했는지도 모르겠다.

그럼에도 가끔 필요할 때가 있어 아울렛을 찾아가곤 했다. **랜섬 빌리지 프리미엄 아울렛**Wrentham Village Premium Outlets, 1 Premium, Outlet Blvd, Wrentham, MA 02093을 주로 이용했는데, 보스턴 주변에서 가장 큰 아울렛이다. 뉴턴에서 가까운 곳은 **나틱 몰**Natick Mall이다. 이곳에도 몇 번 들렀는데, **H&M**, **갭**Gap, **유니클로**Uniqlo 등 다양한 브랜드가 있고, 제법 규모가 큰 웨그맨Wegmans 식료품 마트도 있다.

아이들 학교 등록을 하고 얼마 안 지나 학교 선생님이 조언을 하나 주셨다. 겨울에 눈이 제법 내리니 부츠를 미리 장만하는 게 좋겠다는 조언이었다. 선생님은 **더 반 패밀리 슈 스토어**The Barn Family Shoe Store, 229 Walnut St, Newtonville, MA 02460, +16173326300를 추천해 주시기도 했다. 선생님 말씀대로 그곳에서 아이들 부츠를 미리 구매했다. 막상 겨울을 지내게 되니 후회가 들었다. 그때 성인용 부츠도 구매를 해둘 걸 하는 후회였다.

아이들 운동용품이나 다양한 종류의 스포츠 용품(장비와 의류, 신발 등)은 **딕 스 스포팅 굿즈**Dick's Sporting Goods, 180 Providence Hwy, Dedham, MA 02026, +17813292862에 가서 구입하기도 했다. 그 매장은 데드햄Dedham의 판다 익스프 레스 매장 옆에 있다.

진짜 마지막으로 미용실 한 곳을 추천한다. 보스턴에서 오랜 기간 거주하고 있는 선배님으로부터 추천을 받은 **스코티스 오브 렉싱턴**Scotty's of Lexington, 125 Massachusetts Ave, Lexington, MA 02420, +17818611277란 미용실이다. 이 미용실 원 장님은 한국분이라 아무래도 마음이 편하다.

보스턴 퍼블릭 골프장

* Green Fee의 경우 Weekday rate 기준 / Cart 비용 별도 미표기의 경우 Cart 사용이 필수적으로 Green Fee에 포함됨

Pinehills Golf Club

주소 54 Clubhouse Dr, Plymouth, MA 02360

연락처 508-209-3000

홈페이지 pinehillsgolf.com

Green fee/Cart $60~$110

구글 평점 4.7

Red Tail Golf Club

주소 15 Bulge Rd, Devens, MA 01434

연락처 978-772-3273

홈페이지 redtailgolf.net

Green fee/Cart $65~$105

구글 평점 4.2

Shining Rock Golf Club

주소 91 Clubhouse Ln, Northbridge, MA 01534

연락처 508-234-0400

홈페이지 shiningrock.com

Green fee/Cart $45~$69

구글 평점 4.5

Waverly Oaks Golf Club

주소 444 Long Pond Rd, Plymouth, MA 02360

연락처 508-224-6700

홈페이지 waverlyoaksgc.com

Green fee/Cart $75~$90

구글 평점 4.5

Crosswinds Golf Course

주소 424 Long Pond Rd, Plymouth, MA 02360

연락처 508-830-1199

홈페이지 golfcrosswinds.com

Green fee/Cart $60~$75

구글 평점 4.6

Butter Brook Golf Club

주소 157 Carlisle Rd, Westford, MA 01886

연락처 978-692-6560

홈페이지 butterbrookgc.com

Green fee/Cart $55/$25

구글 평점 4.5

Braintree Municipal Golf Course

주소 101 Jefferson St, Braintree, MA 02184

연락처 781-843-6513

홈페이지 braintreegolf.com

Green fee/Cart $20~$50/$22

구글 평점 4.2

Butternut Farm Golf Club

주소 115 Wheeler Rd, Stow, MA 01775

연락처 978-897-3400

홈페이지 butternutfarm.com

Green fee/Cart $44/$20

구글 평점 4.3

Blackstone National Golf Club

주소 227 Putnam Hill Rd, Sutton, MA 01590

연락처 508-865-2111

홈페이지 bngc.net

Green fee/Cart $27~$47/$21

구글 평점 4.1

Stow Acres Country Club

주소 58 Randall Rd, Stow, MA 01775

연락처 978-568-1100

홈페이지 stowacres.com

Green fee/Cart $49/$20

구글 평점 3.6

George Wright Golf Course

주소 420 West St, Hyde Park, MA 02136

연락처 617-364-2300

홈페이지 cityofbostongolf.com

Green fee/Cart $50/$20

구글 평점 4.5

Brookmeadow Country Club

주소 100 Everendon Rd, Canton, MA 02021

연락처 781-828-4444

홈페이지 brookmeadowgolf.com

Green fee/Cart $44/$19

구글 평점 4.4

부록

Wayland Country Club

주소 121 Old Sudbury Rd, Wayland, MA 01778

연락처 508-358-4775

홈페이지 wayland-country-club.com

Green fee/Cart $43/$18

구글 평점 4.3

Pembroke Country Club

주소 94 W Elm St, Pembroke, MA 02359

연락처 781-829-2292

홈페이지 pembrokegolf.com

Green fee/Cart $49/$10

구글 평점 4.2

Merrimack Valley Golf Club

주소 210 Howe St, Methuen, MA 01844

연락처 978-683-7771

홈페이지 merrimackvalleygolfclub.com

Green fee/Cart $39/$20

구글 평점 4.4

New England Country Club

주소 180 Paine St, Bellingham, MA 02019

연락처 508-883-2300

홈페이지 newenglandcountryclub.com

Green fee/Cart $45/$10

구글 평점 4.2

Robert T. Lynch Municipal Golf Course

주소 1281 W Roxbury Pkwy, Chestnut Hill,
MA 02467
연락처 617-730-2078
홈페이지 brooklinegolf.com
Green fee/Cart $40/$20
구글 평점 3.8

Newton Commonwealth Golf Course

주소 212 Kenrick St, Newton, MA 02458
연락처 617-630-1971
홈페이지 newtongc.com
Green fee/Cart $37/$21
구글 평점 4.0

- 김화진,《스탠퍼드가 하버드에 간 이유》, 서울대학교출판문화원, 2018
- 앙드레 모루아, 신용석 옮김,《미국사》, 김영사, 2017
- 이주은·한세라,《프렌즈 미국 동부》, 중앙일보플러스, 2019
- 이중원,《건축으로 본 보스턴 이야기》, 성균관대출판부, 2014
- 헨리 데이빗 소로우, 강승영 옮김,《월든》, 은행나무, 2021
- 〈위키피디아〉
- 〈보스톤코리아〉

낮설지만 매력있는

보스턴 1년 살기

초판 1쇄 인쇄 _ 2022년 8월 5일
초판 1쇄 발행 _ 2022년 8월 15일

지은이 _ 김태훈

펴낸곳 _ 바이북스
펴낸이 _ 윤옥초
책임 편집 _ 김태윤
책임 디자인 _ 이민영

ISBN _ 979-11-5877-304-5 03940

등록 _ 2005. 7. 12 | 제 313-2005-000148호

서울시 영등포구 신유로49길 23 아이에스비즈타워2차 1005호
편집 02)333-0812 | 마케팅 02)333-9918 | 팩스 02)333-9960
이메일 bybooks85@gmail.com
블로그 https://blog.naver.com/bybooks85

책값은 뒤표지에 있습니다.
책으로 아름다운 세상을 만듭니다. ─ 바이북스

미래를 함께 꿈꿀 작가님의 참신한 아이디어나 원고를 기다립니다.
이메일로 접수한 원고는 검토 후 연락드리겠습니다.